Fred Guggenberger
Wenn der Salat die Raupe frisst

Über das Buch:

Sie sind unter uns und sie sind hungrig! Nachdem der Mensch sie in der freien Natur fast ausgerottet hat, haben sich die fleischfressenden Pflanzen ein neues Zuhause auf den Verkaufstischen der Supermärkte, Baumärkte und Gartencenter erobert. Doch was macht so eine fleischfressende Pflanze eigentlich? Stellen sie eine Bedrohung für meine Katze dar? Muss ich sie füttern und warum gehen sie bei meinen Bekannten immer so schnell ein?

Auf all diese und viele weitere Fragen liefert dieses Buch die Antworten. Es zeigt, wie schlau die Natur war, als sie diese Pflanzen erschuf und wie man ihnen ohne großen Aufwand ein langes Leben schenken kann. Der Autor schildert die Tricks und Kniffe, mit denen sie ihre Beute jagen und berichtet von seinen Erlebnissen mit einer oft missverstandenen Pflanzengattung, die zu den faszinierendsten Geschöpfen auf dem Planeten zählt.

Über den Autor:

Fred Guggenberger wohnt mit seiner Frau, Hund und Katze in einem kleinen Dorf in Bayern. Wenn er nicht gerade seine Raubtiere gießt oder umtopft, schreibt er Bücher, veröffentlicht Alben mit eigener Musik oder arbeitet als Autor und Texter für diverse Firmen und Zeitschriften. Daneben hat er mit Sepp Vädahoi eine Kunstfigur erschaffen, deren erstes Buch „Da gschingade Koda" mittlerweile veröffentlicht wurde.

Fred Guggenberger

Wenn der Salat die Raupe frisst

Fleischfressende Pflanzen
Faszination und Haltung

Semirameh Verlag
Besondere Leser · Besondere Bücher

Impressum:

Deutsche Erstausgabe, April 2015
Autor: Fred Guggenberger
Coverfotos: Claudia Guggenberger / Fred Guggenberger
Alle Rechte vorbehalten
(c) 2015 by Semirameh Verlag
Postfach 1117, 84428 Buchbach, Deutschland
ISBN: 978-3-944625-17-1
Druck: Createspace / Amazon
www..fred-guggenberger.com

Gewidmet all den großen und kleinen
charismatischen Jägern, die in der Erde, auf
Bäumen oder Gestein wachsen und uns mit ihrer
Zähigkeit, ihrer Raffinesse und ihrem
Erfindungsreichtum immer wieder erstaunen.

Fred Guggenberger

Inhaltsverzeichnis

Fleischis für Anfänger

Fleischis für Fortgeschrittene

Fleischfressende Wasserpflanzen

Die Fleischis und ich -
Eine Beziehung mit Startproblemen

Ich war noch ein Kind, als ich zum ersten Mal von der Existenz fleischfressender Pflanzen hörte. Auslöser war irgendein Horrorfilm, in dem eine Pflanze Menschen verspeiste. Natürlich war ich zu jung, um den Film ansehen zu dürfen, aber immerhin hörte ich, wie ein paar Leute davon sprachen, dass es solche Pflanzen wirklich gäbe.

Nun ist es so eine Sache mit dem, was Erwachsene sagen. Man darf ihnen als Kind nicht zu sehr glauben. Immerhin erzählen sie dir ja auch, dass es einen Osterhasen gibt und der Storch die kleinen Kinder bringt. Ich war also vorsichtig.

Trotzdem war es ein abenteuerlicher Gedanke und irgendwie ertappte ich mich in den nächsten Monaten immer wieder dabei, dass ich darüber nachdachte. Konnte es wirklich sein? Wie würde so eine Pflanze aussehen und wie wurde sie gefüttert? Konnte man sie mit Geflügelfilets aus dem Kühlregal zufriedenstellen oder würde sie meinen Wellensittich verdrücken, wenn ich nicht aufpasste?

Ich glaube, es war ein Jahr später, als ich mit meinen Eltern in einem Großmarkt einen Tisch mit mehreren Exemplaren stehen sah. Ich muss zugeben, dass der Anblick etwas hatte. Dort standen vielleicht 20 Blumentöpfe, aus denen grüne Pflanzen hervorragten, von denen jede mehrere Gebisse schwenkte. Irgendein Verkäufer lief vorbei, und als er mich sah, zog er einen Kugelschreiber heraus, mit dem er eine der Pflanzen ärgerte. Diese schnappte dann auch prompt nach dem Stift und ich war genauso sprachlos, wie die Pflanze vermutlich wütend darüber war, dass sie den erbeuteten Schreiber nicht behalten durfte. Auf dem Verkaufsschild stand etwas von „Venusfliegenfallen". Zehn Minuten später trug ich vorsichtig mein eigenes Exemplar zur Kasse.

Zu Hause angekommen stand ich vor dem Problem, dass mein Taschengeld für diesen Monat mit dem Kauf komplett aufgebracht war. Wo sollte ich jetzt das Fleisch für sie herbekommen? Noch dazu, nachdem meine Mutter einen Tobsuchtsanfall bekam, als ich sie fragte, ob sie für meine kleine Freundin etwas mitkochen könnte.

Immerhin fand ich heraus, dass die Venusfliegenfalle sich von Spinnen und Fliegen ernährte und so machte ich mich auf Futtersuche. Dabei stand ich schon bald vor dem Problem, dass Madame sehr wählerisch war und überhaupt kein Interesse an den toten Fliegen zeigte, die ich ihr in die ausgestreckten Gebisse legte. Ich überlistete sie, indem ich ihr zuerst eine tote Fliege gab und dann mit einem Zahnstocher an ihr rüttelte, sodass sie glauben musste, die Fliege würde noch leben. Derart überlistet schnappte sie dann auch sofort zu. Ich war überglücklich, doch es sollte keine zwei Wochen dauern, bis ich meine kleine Freundin tot in ihrem Topf fand.

Ich hatte keine Ahnung, was ich falsch gemacht hatte, aber die nächsten Jahre machte ich um Venusfliegenfallen einen Bogen. Dann war ich endlich über zwanzig und hatte meine eigene Wohnung. Eine sommerliche Fliegenplage führte dazu, dass ich mich erneut an einer Venusfliegenfalle versuchte. Dieses Mal wollte ich alles richtig machen und so fragte ich den freundlichen Verkäufer im Laden, was meine hungrige Mitbewohnerin brauchen würde, um groß und stark zu werden. Er gab mir zahlreiche Ratschläge und ich hielt sie alle ein. Manchmal war es eklig, regelmäßig die unverdaulichen Überreste (Fliegenbeine, ausgelutschte Chitinpanzer) zu entsorgen, aber so ist die Natur eben: Erschafft Pflanzen, die sich von Fleisch ernähren, und vergisst, ihnen zu zeigen, wie man auf die Toilette geht.

Was soll ich sagen? Ich machte alles, wie der freundliche Verkäufer es mir aufgetragen hatte und sie verstarb innerhalb eines Monats. Verdammt!

Wenn ich heute auf diese Zeit zurückschaue, kommt mir das Grausen bei dem Gedanken daran, was ich alles falsch gemacht habe. Schlimmer noch ist die Erkenntnis, dass das Fachpersonal der damaligen Tage absolut keine Ahnung von fleischfressenden Pflanzen hatte. Die Ratschläge, die sie mir gaben, könnte man in sieben Worten zusammenfassen: »So bringst Du Deine Pflanze sicher um!«

Meine Beziehung zu den „Fleischis“ wurde beständig, als ich mir meine dritte Venusfliegenfalle kaufte und mir vornahm, dieses Mal wirklich ALLES richtig zu machen. Ich sammelte alle Informationen, die ich von erfahrenen Liebhabern dieser Pflanzen erhalten konnte, setzte sie konsequent um und was soll ich sagen: Die Venusfliegenfalle und ich führen ein wundervolles Leben und sie fühlt sich sauwohl. Sie wächst und gedeiht und produziert am laufenden Band neue Fallen. Und weil ich die beste Ehefrau der Welt mit meiner Vorliebe anstecken konnte, haben wir mittlerweile eine Sammlung verschiedener, fleischfressender Pflanzen in unserer Wohnung und auf dem Balkon.

Und wissen Sie was: Unsere Katze lebt immer noch, der Hund hat sich auch an die kleinen Mitbewohner gewöhnt und so sind wir die kleine, verrückte Familie, die wir schon immer waren. Nur, dass wir jetzt mit einer Reihe von Killern zusammenleben, die in Blumentöpfen wachsen. Das Leben ist bunt und manchmal ist es eben voller Tentakeln, Schläuchen, Fangarmen, Grubenfallen, Fliegenbeinen und verdauten Mücken.

Ich wünsche Ihnen und der fleischfressenden Pflanze Ihrer Wahl alles Gute für Ihre gemeinsame Zukunft!

Ihr Fred Guggenberger

PS:
Der Fachbegriff für die Fleischis lautet Karnivoren, was so viel wie Fleischfresser bedeutet. Im Prinzip fällt also auch die Katze Ihrer Nachbarin unter diese Bezeichnung, auch wenn die nicht in einem Blumentopf wohnt (die Katze, nicht die Nachbarin). Manche sprechen auch von Insektivoren, was Insektenfresser bedeutet. Eine Bezeichnung, die aber auch auf Frösche und sogar Hornissen zutrifft. Da wir keine Korinthenkackerlis sind, soll uns das nicht weiter stören. Falls doch: Atmen Sie laaangsam ein und aus. Alles ist gut, ich bin bei Ihnen!

Als die Bäume laufen lernten -
Ein Planet wird besiedelt

Man hört oft, dass das Leben im Wasser begann und von dort das Festland eroberte. Solche Sätze lösen oft im Kopf kleine Filme aus, in denen man dann irgendwelche Eidechsen, Salamander oder Frösche an Land gehen sieht. Sie blicken sich um und beschließen, dass dies nun ihr neuer Lebensraum sein wird.

Eine schöne Vorstellung, doch übersehen wir dabei, dass die ersten Lebewesen, die das Wasser verließen, nicht die Tiere waren. Es waren Pflanzen! Sie verbrachten einen nach menschlichen Maßstäben unendlich langen Zeitraum im Wasser, bis es ihnen schließlich langweilig wurde und sie sich aufmachten, den restlichen Planeten zu erobern. Dabei entstand ein schier unermesslicher Reichtum an Sträuchern, Gräsern, Bäumen, Kakteen, Blumen und vielem mehr. In allen Farben und Formen und stets optimal für die jeweilige Umgebung ausgestattet. Tatsächlich sind Pflanzen wahre Anpassungskünstler. Egal, wie unwirtlich die jeweilige Umgebung war, sie passten sich daran an. Es ist noch nicht lange her, da entdeckten Forscher sogenannte „Schwarze Raucher", Vulkane auf dem Meeresboden, die das Wasser in ihrer Umgebung auf eine Temperatur von 400 (vierhundert!) Grad Celsius aufheizen. Und sogar dort wachsen Pflanzen!

Nun, wer 400 Grad Hitze aushält, lässt sich auch von ein paar Wüsten, Steppen oder kalten Gegenden nicht abschrecken. Mehrere Monate ohne Wasser zurechtkommen? Kein Problem, dann wird eben der

Pflanzenkörper zum Wasserspeicher umfunktioniert, wie es bei den Kakteen der Fall ist. Um zu verhindern, dass ein paar durstige Räuber ihnen an den Wassertank gehen, haben sie sich im Laufe ihrer Evolution auch gleich ein paar saftige Stachel wachsen lassen. Doch das erklärt noch nicht, wie es zur Existenz von fleischfressenden Pflanzen kommen konnte. Stellen sie den Übergang von der gemeinen Möhre zum T-Rex dar? Das „verschollene Bindeglied" zwischen Pflanze und Tier? Mitnichten ...

Pflanzen benötigen zum Überleben Wasser, Licht und eine Reihe von Nährstoffen, die sie für gewöhnlich im Boden finden. Nun hat der Erfinder des Planeten Erde bei dessen Erschaffung leider nicht daran gedacht, an allen Orten dafür zu sorgen, dass der Boden auch pflanzentauglich ist. Mit anderen Worten: Es gibt Gegenden, da ist der Boden derart nährstofflos, dass selbst der hartgesottenste Strauch nicht lange überleben würde. Extreme Orte, an denen keine Pflanze existieren kann. Oder doch?

Wissen Sie, das Universum hat Humor. Irgendeiner höheren Macht muss einst aufgefallen sein, dass an solchen Plätzen kein einziger Grashalm zu sehen war und dann vor Ort nach einer Lösung für das Problem gesucht. Wenn Sie religiös sind, können Sie sich ja einen alten Mann mit langem Bart vorstellen (zumindest, wenn Sie Christ sind), der sich das Kinn reibt und überlegt, wie er die Nährstoffe dorthin kriegen könnte. Vermutlich flog in dem Moment eine Fliege vorbei und Gott erkannte, dass Fliegen nicht nur in großer Zahl vorhanden, sondern auch regelrechte, fliegende Proteintabletten sind. Außerdem lässt sich hervorragend Stickstoff aus ihnen gewinnen und so kam

Gott die rettende Idee: Was machte es schon, dass der Boden keine Nährstoffe enthielt, wenn sie doch überall herumflogen? Und so erschuf er die erste fleischfressende Pflanze, der noch viele folgen sollten. Übrigens weiß man nicht, wie die Fliegen darauf reagiert haben. Fakt ist, dass fleischfressende Pflanzen die im Boden fehlenden Nährstoffe dadurch erhalten, dass sie sich Tiere einverleiben. Dabei sind sie nicht auf Fliegen beschränkt: Sie fressen alles, was fliegt, kriecht oder läuft und von ihnen verschluckt, respektive verdaut werden kann. Bei der zierlichen Venusfliegenfalle ist bei kleinen Fröschen Schluss. Deutlich größere Arten gönnen sich auch mal Nagetiere wie Mäuse oder Ratten. Auch halb verdaute Affen hat man schon aus ihnen herausgeholt.

Bei aller Tierliebe entbehrt es nicht einer gewissen Ironie, dass es fleischfressende Pflanzen gibt. Ich meine, niemand stört sich daran, wenn Menschen oder Tiere sich von Pflanzen ernähren, oder schlagen Sie entsetzt die Hände vor die Augen, wenn ihr Lebensgefährte einen Kopfsalat verspeist? Fragt jemand, ob es den Sträuchern in Afrika recht ist, wenn irgendwelche Elefanten oder Giraffen sich ungefragt mit ihnen die Bäuche vollstopfen? So hat die Natur für ein gewisses Gleichgewicht gesorgt: Tiere fressen Pflanzen, Pflanzen fressen Tiere, Menschen fressen beides und so fliegen wir auf einem wunderschönen Planeten durchs All, auf dem das Leben nur deswegen funktioniert, weil die Bewohner sich gegenseitig zum Fressen gern haben. Die Zweibeinigen, die Vierbeinigen und die Grünen, die aus dem Boden wachsen oder in Blumentöpfen wohnen.

PS:

Es besteht natürlich auch die Möglichkeit, dass all jene Orte, die heute unwirtlich sind, einst ganz wundervoll waren und dann im Lauf der Erdgeschichte immer schwieriger für Pflanzen wurden, sodass diese sich anpassen mussten. Dann wären fleischfressende Pflanzen ursprünglich pazifistische und äußerst vegetarische Pflanzen gewesen. Ja, vermutlich war es so. Oder ganz anders ...

Fleischfressende Pflanzen -
Eine Erfindung des Teufels?

Die Erwägung der Existenz von etwas so Ungeheuerlichem wie fleischfressenden Pflanzen war lange Zeit undenkbar. Hatte doch die Kirche verkündet, dass die Pflanzen einzig und alleine nur einem Zweck dienten: Menschen und Tieren als Nahrungsquelle zu dienen. Quasi die niedrigere Ebene der Schöpfung, die nichts zu melden hatte.

So wurde es für die Menschen vollkommen normal, dass Schnecken genussvoll Salat fressen und Blattläuse Pflanzen anknabbern. Der Gedanke, dass der Salatkopf den Spieß umdrehen und die Schnecke verspeisen könnte, war unvorstellbar. Immerhin hatte dies den angenehmen Nebeneffekt, dass man nicht wegen Ketzerei auf dem Scheiterhaufen verbrannt wurde.

Und so wurden fleischfressende Pflanzen in Büchern erfasst, man schrieb darüber, wie sie aussahen und was sie den ganzen, lieben Tag lang so machten. Die Frage, warum beispielsweise die Blätter des Fettkrauts mit den Leichen von kleinen Insekten übersät waren, stellte man nicht. Vielleicht schob man es aber auch auf die „Fliegengrippe". Es musste erst ein Charles Darwin kommen und den Leuten erzählen, dass ihre Jahrhunderte alten Ansichten falsch waren und es Pflanzen gab, die sich mal kurz zum Abendessen eine Fliege fingen. Darwin hatte zwar mit Widerstand zu kämpfen, doch die Wahrheit konnte nicht mehr aufgehalten werden. Schließlich gewöhnten die Menschen sich an den Gedanken, dass man sich nicht nur vor Raubtieren, sondern auch bissigen Grashalmen in Acht nehmen musste.

Was Fleischis wollen -
Grundsätzliches zur Pflege

Es gab eine Zeit, da ging man aus dem Haus und stand im Wald oder auf einer Wiese. Die Pflanzen ringsherum wuchsen einfach, ohne die Menschen mit irgendwelchen Anforderungen zu behelligen. Dann legten die Leute Gärten an und begannen, jene Pflanzen, die zuvor vielleicht in einem Kilometer Entfernung vom Haus gewachsen waren, nun direkt vor dem Haus anzubauen. Und wieder stellten die Pflanzen keine großen Ansprüche. Wozu auch?

Als ich noch ein Kind war, pflanzte mein Vater mehrere Bäume an. Sie entwickelten sich prächtig, ohne dass er sich auch nur eine Sekunde um sie kümmern musste, nachdem er sie in den Boden eingesetzt hatte. Sie kamen einfach zurecht und alles war schön. Die gute, alte Zeit.

Warum war damals alles so einfach? Heutzutage führen wir Debatten über die richtige Wärmelampe und ob die Erde den richtigen PH-Wert hat, damit die Zimmerpflanzen gedeihen. Kann man die Dinger nicht einfach sich selbst überlassen, so wie wir es schon immer getan haben?

Die Antwort ist ein klares Nein. Wenn man einen heimischen Baum in seiner heimischen Klimazone in den für ihn heimischen Boden einpflanzt, kommt er wunderbar alleine zurecht. Da die Welt aber mittlerweile ein Dorf geworden ist, haben wir es nicht mehr nur mit einheimischen Pflanzen zu tun. Längst bieten uns der Einzelhandel Zimmerpflanzen an, deren natürliche Heimat afrikanische Wüsten, australische Steppen, feuchte

Dschungel, tropische Regenwälder oder zerklüftete Gebirgsformationen sind. Von dort kommen sie und dort existieren die Lebensbedingungen, die für sie natürlich sind, die sie benötigen, um zu (über-)leben. Haben Sie sich schon einmal gefragt, was passieren würde, wenn sie einen Kaktus aus der Wüste mal kurz im regnerischen London in den Boden pflanzen würden? Es müsste schon ein Wunder geschehen, um ihn dort am Leben zu erhalten.

Nachdem wir also in der Lage sind, den gesamten Reichtum der Pflanzen unseres Blauen Planeten in unseren Wohnräumen und Gärten zu versammeln, müssen wir uns gezwungenermaßen damit beschäftigen, wie man die jeweilige Pflanze pflegen sollte, damit sie sich wohlfühlt und uns Freude bereitet.

Kurz gesagt besteht die richtige Pflege einer Pflanze darin, ihr ein Lebensumfeld zu geben, das mit dem identisch ist, dass sie

1. Von Zuhause kennt oder
2. Nur geringfügig davon abweicht.

Die meisten Pflanzen sind zum Glück recht genügsam, und wenn sie sich wohlfühlen, sind so manche Wunder möglich. Manche Exemplare mutieren zu regelrechten Weltmeistern, wenn es darum geht, sich an Umgebungen anzupassen, die ihnen nicht die vertrauten Lebens-bedingungen bietet: Da blühen Orchideen, die seit Monaten kein Wasser mehr gesehen haben, Grünlilien wachsen wie wild in einer Erde, die mangels Feuchtigkeit hart wie Beton geworden ist, und „Feuchtigkeitshasser" stehen mitsamt Blumentopf bis zu den Knien im Wasser und gedeihen trotzdem derart prächtig, dass man sich fragt, inwieweit man sich überhaupt noch auf Pflegehinweise verlassen sollte. Meine Frau und ich besitzen mehrere Pflanzen, die sich bei uns so wohl fühlen, dass es ihnen vollkommen egal ist, dass wir ihnen nicht annähernd das bieten können, was sie eigentlich bräuchten, um zu überleben. Sie wachsen und gedeihen, dass es eine wahre Freude ist. Gut so!

Was nun fleischfressende Pflanzen betrifft, so bitte ich Sie, sich trotzdem an die wichtigen und grundlegenden Pflegehinweise in diesem Buch zu halten. Entgegen mancher Gerüchte sind Karnivoren alles andere als „Zicken" und sie verlangen nicht mehr, sondern oft sogar weniger Aufwand als „normale" Pflanzen. Allerdings gibt es ein paar Spielregeln, die man einhalten muss, weil es sonst einfach nicht klappt. In den Kapiteln zu den einzelnen Arten werde ich Ihnen individuelle Pflegeanleitungen geben. Unabhängig davon gibt es zwei Punkte, die Sie unbedingt beherzigen müssen, egal welche Art von fleischfressender Pflanze Sie haben:

1) Gießen Sie niemals mit Leitungswasser!

Dieser Punkt ist nicht diskutierbar! Egal, wie gut oder sauber das Leitungswasser in ihrer Gemeinde ist, bei fleischfressenden Pflanzen hat es nichts zu suchen! Vielleicht haben sie andere Pflanzen, die ebenfalls kein Leitungswasser mögen und jetzt kochen sie es immer ab und alles läuft gut. VERGESSEN SIE ES! Fleischfressende

Pflanzen reagieren auf Leitungswasser, indem sie sterben und das sehr schnell!

Optimal ist Regenwasser. Wenn Sie keine Möglichkeit haben, es einzufangen, fragen Sie Ihre Nachbarn, die eine Regentonne haben, oder verwenden Sie notfalls destilliertes Wasser. Ich bin eine Zeit lang zu einem Bach gefahren und habe dort meine Kanister mit Wasser gefüllt, bis ich Zugriff auf eine Regentonne bekam. Ich habe aber auch schon mit destilliertem Wasser gegossen und es hat prächtig funktioniert.

2) Verwenden Sie stets die passende Erde!

Wenn Sie Ihre fleischfressende Pflanze kaufen, ist sie bereits in der richtigen Erde eingepflanzt. Es wird aber eine Zeit kommen, in der es für sie eng in ihrem Blumentopf werden wird. Dann müssen Sie sie umpflanzen und das bedeutet, dass Sie Erde brauchen. Bitte verwenden Sie keine „normale" Blumenerde. Denken Sie daran, dass die meisten Karnivoren an Orten wachsen, an denen der Boden absolut lebensfeindlich für die meisten Pflanzen ist. Genau diese Art von Boden möchte Ihre kleine Freundin jetzt in ihrem Blumentopf wiederfinden, um sich wohlzufühlen.

Herkömmliche Blumenerde, wie man sie in den Läden erhält, ist meistens schon vorgedüngt, um den Pflanzen eine Freude zu machen. Das ist gut gemeint, aber für fleischfressende Pflanzen tödlich.

Nun haben Gott und der Einzelhandel ein Herz für alle Freunde der Fleischis und bieten eine sogenannte Karnivoren-Erde an. Diese passt in 95% aller Fälle perfekt zu Ihrer Pflanze und kostet nicht die Welt. Verwenden Sie diese Spezialerde dann aber bitte nur für ihre Fleischis. Alle anderen Pflanzen dürften aufgrund des massiven Nährstoffmangels in dieser Erde in Tränen ausbrechen.

Wenn Ihre Begeisterung für fleischfressende Pflanzen irgendwann dazu führt, dass Sie einen Mini-Dschungel zuhause haben, wird es Sinn machen, sich die passende Erde selbst zu mischen. Solange es sich im Bereich von ein paar Blumentöpfen abspielt, ist es aber kostengünstiger (und platzsparender), wenn Sie nicht gleich Säcke voller Torf, Blähton und anderen Zutaten nach Hause schleppen.

3) Keinen Dünger!

Pflanzen benötigen Luft, Liebe, Wasser und Nährstoffe, die sie aus dem Boden holen. Und dann sitzen sie in ihren Blumentöpfen und stellen irgendwann fest, dass die Nährstoffe im Topf aufgebraucht sind. Aus diesem Grund verwenden wir Dünger. Fleischfressende Pflanzen hingegen kommen ohne Nährstoffe im Boden aus. Es ist der Grund, warum sie fleischfressend sind: Sie holen sich diese Stoffe über ihre Beute. Wenn Sie ihnen nun Dünger verabreichen, stellen Sie nicht nur die Natur auf den Kopf, sondern laufen auch in Gefahr, ihre Pflanze zu töten.

Ich will Ihnen nicht verschweigen, dass ich von dieser oder jener Pflanze gehört habe, die „doch nicht gleich stirbt, wenn man sie düngt" und dann ist da noch „diese eine Karnivore, die sogar ganz gut darauf reagiert hat".

Nachdem man eine Düngermischung zusammengestellt hat, die sogar Einstein geistig überfordert hätte ... Es ist viel leichter, wenn Sie ihren Fleischis einfach an einen Ort aufstellen, an dem über das Jahr ein gewisser Verkehr an Mücken, Fliegen und Insekten herrscht. Sie müssen sie nicht füttern (das kann schnell zur „Überdüngung" führen) und auch sonst nicht viel tun. Geben Sie Ihnen eine freundliche Umgebung mit genügend fliegenden Steaksemmeln und sie werden wachsen und gedeihen.

4) Stecken Sie nicht alle Fleischis in eine Schublade!

Das mag jetzt seltsam klingen. Vielleicht sagen Sie "Ich weiß doch, dass eine Venusfliegenfalle keine Kobralilie ist". Das ist wirklich toll! Sie können stolz auf sich sein, denn manche Lieferanten von fleischfressenden Pflanzen haben davon leider absolut keine Ahnung. Da werden Fleischis, die ihren Winterschlaf brauchen, mit anderen, die das ganze Jahr über am Jagen und Mampfen sind, zusammen in einen Topf gepflanzt. Wenn man sie nicht zuhause trennt, wird mindestens eine der Pflanzen im Winter ein Problem bekommen ...

Da werden Exemplare, die am liebsten bis zum Hals im Wasser stehen würden, mit anderen, die es leicht feucht wollen, zusammen in einer Glasschale angeboten. Soll man jetzt so viel gießen, dass die eine stirbt oder so wenig, dass die andere eingeht?

Es mag sein, dass vor Gott alle Menschen und Pflanzen gleich sind, aber wenn Sie nicht Gott sind, sollten Sie es besser machen, als die Leute in meinen Beispielen es taten. Wie? Das erfahren Sie in diesem Buch.

Ich werde Ihnen nun eine Reihe von erstaunlichen Blumentopflöwen vorstellen. Dabei werde ich so vorgehen, dass ich zuerst die absolut pflegeleichten Arten präsentiere. Danach kommen die Arten, für die man schon ein bisschen Erfahrung mitbringen sollte. Diese stellen dann schon einige Anforderungen an die Besitzer, die man nicht auf die leichte Schulter nehmen sollte. Nicht umsonst geht es in den Gesprächen mancher Experten um so ausgefallene Dinge wie Kelvin, Lux, Unterschiede im PH-Wert von Torfen und vieles mehr, was Heinz Hobbygärtner nicht unbedingt jeden Tag den Schlaf raubt. Trösten Sie sich: Zum einen gibt es eine reichhaltige Auswahl an Fleischis, die sie auch „einfach so" halten können, zum anderen haben auch die Profis klein angefangen. Sie können sich also gerne von Pflanze zu Pflanze hocharbeiten.

Wichtig:

Die Einteilung in einfach und fortgeschritten sollte nicht zu streng genommen werden. Es gibt Varianten der „einfachen Pflanzen", die selbst einem Profi enorm fordern und anspruchsvolle Varianten, von denen es dann aber wesentlich pflegeleichtere Hybriden gibt. Also nicht abschrecken lassen!

Ein paar Worte zu den botanischen Fachbegriffen

Zugegeben, auf Laien wirken die international gültigen Fachbezeichnungen für Pflanzen oftmals wie Namen aus einem Asterix-Comic. Ich möchte Sie von daher auch gar nicht mit diesen Begriffen erschlagen. Dennoch müssen wir uns zumindest ein ganz klein wenig damit beschäftigen. Der Grund ist folgender:

Wenn Sie tiefer in die Materie mit den Fleischis einsteigen sollten, werden Sie bald feststellen, dass Pflegehinweise in manchen Fällen relativ sind. Alleine die Kannenpflanze bringt es auf rund 80 Arten, vom Sonnentau gibt es über 200. Nun unterscheiden sich all diese Varianten immer wieder mal im Bezug auf das, was sie von ihren Besitzern an Pflege benötigen. Wenn Sie dann beispielsweise im Internet nach konkreten Hinweisen suchen, wird es Ihnen nicht viel nützen, dass sie „einen Sonnentau mit grünen Blättern und roten Fangarmen" besitzen. Dies gilt mehr oder weniger für alle Varianten dieser Pflanze. Spätestens an diesem Punkt sollten Sie in der Lage sein, die korrekte botanische Bezeichnung zu verwenden. Um Sie ein klein wenig in diese Welt einzuführen, habe ich bei den Kapiteln über die einzelnen Pflanzen auch diese Namen erwähnt. Zumindest in der einfachen Form. Lassen Sie mich Ihnen trotzdem anhand eines Beispiels kurz erklären, wie das Spiel funktioniert:
Die botanische Bezeichnung für die Kannenpflanze lautet Nepenthes.   Befindet sich eine solche Pflanze in ihrem Besitz, können Sie nun mit Fug und Recht behaupten,

glücklicher Lebenspartner einer waschechten Nepenthes zu sein (klingt es nicht beeindruckend?). Da alle 80 Arten der Kannenpflanze eben ... Kannenpflanzen sind, wird der Name all dieser Arten auch mit Nepenthes beginnen.

Damit man nun weiß, welche der 80 Arten Sie besitzen, kommt nun die zweite Bezeichnung hinzu. Somit haben Sie dann eben eine Nepenthes alata oder eine Nepenthes miranda oder was auch immer.

Etwas schwieriger wird es, wenn Sie eine Kreuzung besitzen. Diese kann dann z.B. „Nepenthes alata x ventricosa" heißen. „Alata x Ventricosa" bedeutet dann nicht „drei x verflixt", sondern eben, dass diese Nepenthes eine Kreuzung aus eben Nepenthes alata und Nepenthes ventricosa darstellt. Keine Angst, es ist alles nur halb so wild und wie gesagt: Ich werde Sie in diesem Buch auch nicht über Gebühr mit diesen Bezeichnungen heimsuchen. Ich erwähne es nur, damit Sie irgendwelchen Klugscheißerlis antworten können, die vielleicht eines Tages in Ihrer Wohnung auftauchen und Sie fragen, ob das „schon eine echte Nepenthes blah blah" ist. Wenn Sie möchten, können Sie dann antworten, dass es sogar eine waschechte „Nepenthes Asterix in Obelix" ist und Sie das in meinem Buch gelesen haben. Bitte vergessen Sie nicht, den darauf folgenden Gesichtsausdruck („Hähh?") zu fotografieren und mir das Bild zu schicken.

Antwortet Ihr Gegenüber allerdings mit „Oh, davon habe ich gehört. Ja, das ist eine sehr seltene Pflanze, in der Tat! Mein Oheim hat erörtert, dass diese sich bevorzugt an den Küstengebieten der Schweiz vermehrt", sollten Sie ... Ich weiß es nicht! Was auch immer Sie für richtig halten.

Vielleicht sollten wir das Thema wechseln. Reden wir
über ...

Fleischis für Anfänger

Dionaea muscipula
Die Venusfliegenfalle
Ein Blumentopf voller Gebisse

Die Venusfliegenfalle hat es geschafft! Denkt Otto Normalbürger an fleischfressende Pflanzen, so hat er für gewöhnlich sofort das Bild dieser Gattung vor Augen. Das muss man erst mal schaffen! Sie geht mit ihrem Status als Fleischfresser aber auch geradezu schamlos um. Eine Venusfliegenfalle lässt keine Gelegenheit aus, sich in Szene zu setzen. Wo ihre fleischfressenden Artgenossen meist dezent bis unauffällig agieren, kann sie es nicht lassen, ständig ihre Gebisse herumzuschwenken. Ein Blumentopf voller Gebisse, das ist es, was man zu sehen bekommt, wenn man sich einer Venusfliegenfalle nähert. Vermutlich bin ich nicht der Einzige, der dabei das Gefühl hat, sie würde grinsen. Hat sie dann ihre Beute erwischt, schließt die Falle sich luftdicht ab und wird zum Magen, indem unsere kleine Freundin nun ihre Verdauungsflüssigkeit pumpt. Diese löst den Großteil der Beute auf, worauf der ganze Brei über die Innenseite des „Magens" aufgenommen wird. Ist der Verdauungsvorgang abgeschlossen, öffnet die Falle sich wieder, damit Wind, Regen oder ein hilfsbereiter Pflanzenfreund die unverdaulichen Überreste ihrer Beute aus ihrem Mund holen. Also Chitinpanzer, Fliegenbeine, leergelutschte Mückenkörper und andere, schöne Dinge, die das Herz jedes Biologen höher schlagen lassen.

Mit einer Venusfliegenfalle wird es nie langweilig. Sie mag Action! Es gibt fleischfressende Pflanzen, die mit

Klebefallen arbeiten oder ihre Opfer einfach in ein Loch plumpsen lassen. Manche schrecken sogar nicht davor zurück, biologische Kampfstoffe einzusetzen. Und so wird mit allen Mitteln der Kunst Jagd auf Essen gemacht und nichts dem Zufall überlassen.

Einer Venusfliegenfalle ist ein solches Verhalten zuwider. Todsichere Jagdmethoden? Wo bleiben da der Spaß und die Herausforderung? Jedes Mal, wenn sie auf Beutezug geht, muss sie sich anstrengen, um schneller als ihr Opfer zu sein. Schließen die Fallen sich zu langsam, fällt das Mittagessen aus. Forscher staunen bis heute über die enorme Geschwindigkeit, mit der eine Venusfliegenfalle zuschnappt. In weniger als 20 Millisekunden ist die Falle zu. Vor diesem Tempo muss die schnellste Fliege kapitulieren.

Nun kostet es unsere kleine Freundin enorm viel Kraft, so schnell zuzuschnappen und so muss sie stets auf Nummer sicher gehen, dass es sich auch wirklich lohnt. Mehrere feine Fühler im Inneren der Falle müssen im Zeitraum von 20 Sekunden dreimal berührt werden, damit sie sich schließt. Dabei achtet sie auch darauf, wie kräftig die Fühler berührt werden. So geht sie sicher, dass die Beute auch groß genug ist, um den kräftezehrenden Vorgang des Schließens und Verdauens zu rechtfertigen. Hat die Falle ihr Opfer erwischt, so schließt sie sich nicht ganz, sondern nur so weit, dass ein Beutetier, für das der Aufwand sich nicht lohnt, noch entwischen kann. Erst wenn das Opfer weiter zappelt, anstatt abzuhauen, macht sie ganz zu und leitet den Vorgang der Verdauung ein.

Nebenbei: So manche dumme Mücke ist schon frech in einer der größeren Fallen herumgetanzt, nur um dann

übermütig zu werden und den Tanz gleich in den anderen
Fallen fortzusetzen. Irgendwann war dann eine kleinere
Falle an der Reihe und ... Mückenfilet a la carte.

Alle Bemühungen der Venusfliegenfalle, mit ihren
Kräften zu haushalten, helfen am Schluss dann doch
nichts: Bis zu sieben Mal kann eine Falle sich schließen und
dabei maximal dreimal ein Opfertier verdauen. Danach ist
die Kraft aufgebraucht und die Falle stirbt ab und macht
neuen Fallen Platz. Irgendwelche Spiele, bei denen man
seinen Freunden vorführt, wie sie nach einem
Kugelschreiber schnappt, beschleunigen nur das Ende der
Falle und können, wenn man gar nicht genug davon kriegt,
zum Erschöpfungstod der Pflanze führen.

Herkunft

Die Venusfliegenfalle ist eine waschechte Amerikanerin. Ihr
natürlicher Lebensraum ist der US-Bundesstaat Carolina.
Im Gegensatz zu anderen Arten, die in vielen Ländern zu
finden sind, gibt es die Venusfliegenfalle nur dort in freier
Natur zu bewundern und genau dies könnte ihr in
absehbarer Zeit zum Verhängnis werden: Venusfliegenfallen
werden nicht besonders groß. Fünf bis zehn Zentimeter
müssen reichen. Dadurch steht sie aber im permanenten
Wettkampf mit anderen Pflanzen, die sie gerne
überwuchern. Da sie SEHR viel Licht braucht, geht es hier
um das nackte Überleben und so hat eine gütige Macht die
Venusfliegenfalle in einer Gegend wachsen lassen, in der
Brände zum Alltag gehören. Dann verbrennt erst mal alles
ringsherum und die Venusfliegenfalle kommt rasch aus
ihrem „Bunker" im Boden hervor und genießt es, nun

wieder frei wachsen zu können. Bis sie wieder überwuchert wird und die nächste Feuerlawine kommt.

Nun gibt es da ein Lebewesen namens Mensch, das sich fleißig daran gemacht hat, diese Brände zu verhindern, was aber der Venusfliegenfalle überhaupt nicht gut bekommt. Tatsächlich hat dies (wie die Zerstörung ihrer natürlichen Lebensräume) dazu beigetragen, dass Venusfliegenfallen vom Aussterben bedroht sind. Vermutlich ist es einzig ihrer Popularität zu verdanken, dass es sie überhaupt noch gibt. So fand sie zuerst eine sichere Heimat in Spezial-gärtnereien, die Venusfliegenfallen für die Pharmaindustrie züchteten. Als dies aufhörte, entdeckten Gartencenter, Supermärkte und Baumärkte die freche Amerikanerin und so ist es nicht übertrieben, zu behaupten, dass Leute wie Sie und ich, also die Hobbyzüchter, es sind, die diese wundervolle Pflanze vor dem Aussterben bewahren. Wenn in absehbarer Zeit keine Venusfliegenfallen in freier Natur mehr wachsen, wird sie (hoffentlich) einen festen Platz bei Liebhabern gefunden haben und so weiterleben dürfen, anstatt einfach zu verschwinden, um irgendwann nur noch auf Fotos bestaunt werden zu können.

Arten

Die Venusfliegenfalle ist einzigartig. So gibt es auch nur eine „natürliche" Art von ihr. Allerdings hat ihre Popularität auch dazu beigetragen, dass sich Züchter daran gemacht haben, neue Varianten dieser Pflanze zu erschaffen. Mir persönlich sind drei Arten bekannt, was aber nicht heißen muss, dass es dabei bleiben wird. Vielleicht entsteht ja genau in diesem Moment, indem Sie dieses Buch lesen, eine weitere Art.

Pflege

Es gibt zwei Dinge, die eine Venusfliegenfalle unbedingt braucht: Sehr viel Licht und sehr viel Regenwasser. Vergessen Sie „hell ohne direkte Sonnenbestrahlung", unsere kleine Freundin ist eine Sonnenanbeterin vor dem Herrn! Optimalerweise sollte sie von Sonnenaufgang bis Sonnenuntergang vom Sonnenlicht bestrahlt werden, dann fühlt sie sich wohl und gedeiht prächtig. Wenn Sie ihr keinen Platz im Freien anbieten können, sollte es auf jeden Fall ein Südfenster sein, sodass sie ihre tägliche Dosis Licht bekommt. Leidet Ihre kleine Freundin an Lichtmangel, erkennen Sie dies daran, dass die Innenseite der Fallen grün wird. Rundum glückliche Exemplare verzaubern an dieser Stelle mit einem herrlichen Rot. Ich will nicht verschweigen, dass ich von einer Züchtung gehört habe, die das ganze Jahr über komplett grün bleibt, aber für 99% der Dionaeas, die man im Laden kaufen kann gilt, dass grüne Fallen ein Beleg für Lichtmangel sind.

Was das Wasser betrifft, so kann es nicht oft genug gesagt werden: Kein Leitungswasser! Bitte gehen Sie hier nicht nach dem „Das muss auch so gehen-Prinzip" vor. Ihre Venusfliegenfalle wird sehr schnell sterben, wenn sie Leitungswasser bekommt. Verwenden Sie Regenwasser, frisches Wasser aus einem sauberen Bach oder notfalls destilliertes Wasser aus dem Supermarkt. Alles andere ist für unsere Freundin tödlich!

Haben Sie in puncto Standort und Wasser alles geklärt, stellt sich noch die Frage, wie man das kleine Fräulein denn gießen soll. Hier gilt, dass die Venusfliegenfalle nasse Füße mag. Stellen Sie den Topf mit ihr in ein Gefäß, dass sie 1-2 cm hoch mit Wasser füllen, sodass unsere Kleine darin steht. Ich habe zu diesem Zweck einfach eine kleine Salatschüssel geholt und das ist jetzt mein Untertopf. Sobald die Venusfliegenfalle das Wasser aufgesaugt hat, gießen Sie nach. Sie werden staunen, wie schnell das geht! Es schadet ihr aber auch nicht, wenn sie mal ein paar Stunden oder über Nacht im trockenen Untertopf steht. Kurzum: Immer viel Sonne, immer viel Regenwasser.

Nach einer ausgiebigen Mahlzeit kann eine Falle auch mal schnell um 10% wachsen. Platzprobleme werden Sie trotzdem nicht bekommen. Venusfliegenfallen wachsen zwar über das Jahr einigermaßen zügig, wirklich groß werden sie aber nie.

Im Gegensatz zu dem, was ihr Name vermuten lässt, beschränkt sich der Speiseplan der Venusfliegenfalle nicht auf Fliegen. Sie fragt nicht, was es zu essen gibt, sondern schnappt nach allem, was ihr in die Falle geht. Wespen, Käfer, Mücken und allerlei Krabbeltiere werden gerne von ihr verspeist. Ausgewachsene Exemplare wurden auch schon dabei beobachtet, wie sie einen Regenwurm beim Hintern gepackt haben.

Wichtig:
Bitte füttern Sie die Venusfliegenfalle nicht! Sie mag keine toten Tiere. In der Hinsicht können Sie einfach alles Mutter Natur überlassen. Solange sie ihre Kleine nicht hermetisch von der Außenwelt abriegeln, wird sie stets etwas zu essen finden.

Die Venusfliegenfalle im Lauf der Jahreszeiten

Frühling

Der Frühling ist für unsere Freundin eine gute Zeit. Die ersten Fliegen tauchen auf und nerven herum. Bitte seien Sie nicht verärgert, wenn Ihnen ein Fliegenpaar im Lauf des Tages tierisch auf den Senkel gehen sollte, während ihre frisch erstandene Fliegenfängerin scheinbar teilnahmslos zusieht. Genießen Sie die Zeit mit den nervigen Brummern und gehen Sie dann voller Freude ins Bett. Warum? Weil Sie in 80% der Fälle davon ausgehen können, dass die lästigen Flügelmänner Sie nie wieder stören werden! Irgendeine gütige Kraft im Universum hat dafür gesorgt, dass Fliegen ein paar Stunden geschenkt bekommen, um uns zu nerven, bevor sie dann im Magen der Venusfliegenfalle enden. Wenn sie am Morgen aufstehen, wird nichts mehr summen und brummen. Ein fachmännischer Blick wird Ihnen dann zeigen, wo die Plagegeister vom Vorabend hingekommen sind: Auf dem Fensterbrett sitzt nämlich Ihre kleine Freundin und genießt vergnügt die ersten Sonnenstrahlen. Zwei ihrer Fallen, die gestern noch offen waren, sind nun geschlossen, wobei etwas hindurchschimmert, das verdächtig nach Fliege aussieht. Wenn die Fallen sich nach einer Woche wieder öffnen, werden es nur noch Fliegenteile sein ...

Zumindest meine Venusfliegenfalle jagt offenbar nur in der Nacht, wenn ich im Bett bin und schlafe. Ob sie dabei auch ihren Topf verlässt und durch die Wohnung rennt?

Sommer

Venusfliegenfallen lieben den Sommer. Besonders im Freien! Mücken, Wespen, Fliegen, Käfer und allerlei andere Eiweißpillen laufen und fliegen herum und warten nur darauf, von ihr verspeist zu werden. Außerdem scheint die Sonne jetzt noch fröhlicher herab. Eine traumhafte Zeit für unsere Freundin. Bitte achten Sie jetzt noch genauer darauf, dass Sie im Wasser steht und nicht austrocknet. In der Hitze verdunstet das für sie lebensnotwendige Wasser nämlich sehr gerne. Durch die Methode mit einem Untertopf, indem Sie das Wasser stehen lassen können, wird auch dafür gesorgt, dass immer wieder Wasser verdunstet, was für eine gewisse Luftfeuchtigkeit sorgt. Ihre Pflanze mag das, also gießen Sie am besten von unten und nicht direkt von oben in den Topf.

Herbst

Es ist erstaunlich. Gestern war sie doch noch so klein und jetzt machen sogar größere Brummer einen vorsichtigen Bogen um sie. Hach, ist sie groß geworden!

Wie alle großen Mädchen entdeckt sie nun auch die Freude am Flirten, was sich darin äußert, dass sie wunderschöne Blüten trägt. Damit den Bienen nichts geschieht, lässt sie sich einen besonders langen Stiel wachsen, sodass ihre Blüten weit weg von den Fallen sind. Das freut die Bestäuberinsekten und sorgt für ungestörtes Pollengeflüster.

Der Herbst ist aber auch die Zeit, die dem Winter vorausgeht und so wird der Tag kommen, an dem ihre Pflanze mit den Vorbereitungen für den Winterschlaf beginnt. Dazu gehört auch, dass sie sich von allem trennt, was nicht unbedingt notwendig ist, um Kräfte zu sparen. Wundern Sie sich also nicht, wenn plötzlich Fallen und Stengel schwarz werden und absterben. Sie baut zwar das ganze Jahr über immer wieder mal eine Falle ab, aber jetzt passiert es im größeren Stil. Im Winterschlaf wären die großen Fallen nur eine unnötige Energieverschwendung. Am Schluss bleibt dann oft eine deutlich geschrumpfte Pflanze übrig, die schon mal ein paar Schlaflieder übt, um rechtzeitig einschlafen zu können.

Winter

Es ist soweit! Nach einem erfüllten Jahr gönnt unsere kleine Freundin sich ihre wohlverdiente Auszeit und geht in die Winterruhe. Während dieser Zeit braucht sie nach wie vor viel Licht, allerdings will sie es kühl haben und nicht mehr so nass wie im Sommer. Optimal ist es, wenn Sie ihr während dieser Zeit einen Fensterplatz in einem kühlen Raum (5-10 Grad Celsius) anbieten können. Ich stelle meine Exemplare in den Hausgang ans Fenster und bringe ein Schild für die Nachbarn an:

„Fleischfressende Pflanze im Winterschlaf. Bitte nicht füttern!"

Alternativ könnten Sie auf das Schild natürlich auch schreiben:

„Fleischfressende Pflanzen. Bitte nicht selbst füttern. Schnitzel, Steaks und Lasagne bitte beim Eigentümer abgeben. Wir kümmern uns dann darum, dass diese Speisen fachgerecht aufbereitet und verfüttert werden." Oder so …

Fragen und Antworten

Kann ich die Venusfliegenfalle auch zusammen mit anderen Pflanzen in einem Blumentopf, Terrarium etc. halten?

Prinzipiell ist es natürlich möglich und viele Leute haben auch ein künstliches Moor in ihrem Garten, indem dann Venusfliegenfallen neben anderen Karnivoren wachsen und gedeihen. Es gibt aber ein paar Dinge, die Sie unbedingt beachten sollten:

1. Venusfliegenfallen bleiben klein und benötigen extrem viel Licht. Wenn Sie eine hochwachsende Pflanze neben sie setzen, kann dies zu einer echten Bedrohung für sie werden. Zumindest, wenn diese sie überwächst und ihr das Licht wegnimmt.
2. Es gibt kaum Pflanzen, die mit den Anforderungen einer Venusfliegenfalle an den Boden zurechtkommen. Was ihre kleine Freundin glücklich macht (keine Nährstoffe im Boden), kann andere Pflanzen umbringen.
3. Die Venusfliegenfalle gehört zu den Pflanzen, die zum Jahresende in den Winterschlaf gehen. Sie braucht dann deutlich weniger Wasser. Erzählen Sie das mal einer anderen Karnivore, die auch im Winter Party macht und im Nassen stehen will ... Leider werden immer wieder Venusfliegenfallen zusammen mit anderen Pflanzen in einem Topf/einer Schale angeboten. Wenn sie ohnehin eine Salatschale brauchen

und die erworbenen Pflanzen zuhause trennen, ist dies ausgesprochen praktisch. Ansonsten werden Sie damit wenig Freude haben.

Meine Süße hat neulich eine Wespe gefangen. Kann das für sie gefährlich werden?

Für die Wespe: Ja. Um Ihre Pflanze müssen Sie sich aber keine Sorgen machen. Ich empfehle Ihnen auch, in solchen Fällen nicht dazwischen zu gehen. Der Venusfliegenfalle kann eine Wespe nichts anhaben. Ihnen schon.

Können Venusfliegenfallen auch Menschen gefährlich werden?

In keinster Weise! Die Zähne, die sie so gerne zeigt, fungieren rein als Absperrung, um zu verhindern, dass ihre Beute aus der halb offenen Falle entkommt. Bei Menschen hingegen können sie keinen Schaden anrichten. Sollten Sie versehentlich den Schnappmechanismus auslösen, wenn Ihr Finger in der Falle steckt, so können Sie auch hier beruhigt sein: Sie hat nicht annähernd genug Kraft, um sie festzuhalten. Ziehen Sie einfach ihren Finger vorsichtig heraus.

Was ist mit meiner Katze?

Hier gilt das Gleiche. Sogar wenn ihre Katze die Schwanzspitze in die Falle bekommen sollte, wird sie diese mühelos wieder herausbekommen. Bitte halten Sie sich vor Augen, dass eine Venusfliegenfalle zwar aus der Sicht eines Insekts absolut furchterregend ist, für größere Lebewesen aber keine ernsthafte Bedrohung darstellt. Zumindest, solange niemand auf die Idee kommt, sie mit schnell wachsenden Sträuchern oder meterhohen Bäumen zu kreuzen ...

42

Saraccenia
Die Schlauchpflanze
Kein Lichtschein am
Ende des Tunnels

Ich kann mir nicht helfen, aber beim Anblick von Schlauchpflanzen muss ich immer an Alice im Wunderland denken. Vermutlich liegt es daran, dass sie so unwirklich aussehen. So als könnten sie einfach nicht von dieser Welt sein. Schnittlauch auf LSD!

Wenn man dann noch eine Kobralilie sieht (eine Variante der Schlauchpflanze, die aussieht, als würden mehrere Schlangen aus dem Blumentopf wachsen), ist es nicht mehr weit bis zum Verdacht, dass irgendein Schelm etwas in den Kaffee gemischt hat, was dort rein gar nichts verloren hat. Doch keine Panik: Diese Pflanzen existieren und wir müssen nicht die Pforte in die andere Welt überschreiten, um sie bestaunen zu können.

Schlauchpflanzen bestehen, wie es der Name schon verrät, aus einer Reihe von Schläuchen, die ungeniert in Richtung Himmel wachsen. Bei den meisten Arten kommt dann oben noch ein Überbau, der verhindert, dass es hineinregnet. Sowohl der obere Teil des Schlauchs, als auch der Überbau sind oft recht farbenfroh gestaltet (aaargh, da ist wieder Alice im Wunderland!) und wieder kann man sich des Eindrucks nicht erwehren, dass diese Pflanze aus einer anderen Welt stammt.

Ähnlich ergeht es auch den meisten Insekten, die von der eigenartigen Optik geradezu magisch angezogen werden. Vielleicht liegt es aber auch daran, dass Schlauchpflanzen mit einem geradezu himmlisch duftendem Nektar locken (der Geruch kann nur Insekten wahrgenommen werfen, hören Sie auf, an der Pflanze zu schnüffeln!), dem kaum ein Insekt widerstehen kann. Und all dies am Eingang zum Schlauch.

Sobald nun ein Insekt neugierig nachschaut, was denn alles in diesem Tunnel zu finden ist, muss es sich an den Rand der Öffnung begeben. Diese ist absolut rutschig! Das Opfer fällt in den Schlauch, dessen Wände mit abwärtsgerichteten Haaren versehen sind. Die Beute kann dadurch weder nach oben kriechen, noch davonfliegen. Wobei ich an der Stelle gestehen muss, dass ich schon beobachten konnte, wie eine Schwebefliege in den Schlauch stürzte, nach unten rutschte und von dort wie eine Kanonenkugel aus dem Schlauch geschossen kam und davon flog. Es gibt also auch in der Insektenwelt einen Chuck Norris ...

Da der Schlauch ein Entkommen für gewöhnlich unmöglich macht, verfügen die Schlauchpflanzen auch über keine gesonderten Tentakel oder ähnliche Vorrichtungen, um die Beute festzuhalten. Diese haucht im Schlauch ihr Leben aus und wird dann über Drüsen in der Schlauchwand verdaut. Es ist dies ein sehr wichtiger Punkt, da viele frischgebackene Besitzer einer Schlauch-pflanze manchmal überlegen, ob sie Wasser in den Schlauch gießen müssen. Dies ist nicht notwendig!

Es gibt eine Ausnahme, die Saraccenia Purpurea, die nicht in der Lage ist, eigene Verdauungsflüssigkeit zu produzieren. Da Mutter Natur schlau ist, hat sie dieser Pflanze dann auch keinen Schlauchdeckel spendiert, um die Regentropfen fernzuhalten. So füllt der Schlauch der Saraccenia Purpurea sich mit Regenwasser, indem die gefangene Beute dann ertrinkt. Die im Wasser enthaltenen Bakterien kümmern sich dann um die Verdauung.

Erwähnen möchte ich die Papageien-Schlauchpflanze. Diese fängt ihre Beute nicht im Stehen, sondern lümmelt sich bequem am Boden. Dabei bedient sie sich der sogenannten Reusentechnik. Dies bedeutet, dass sie es den Insekten ermöglicht, ins Innere zu gelangen, sie dann aber nicht mehr hinauslässt. Quasi wie eine Türe, die sich nur in eine Richtung öffnen lässt.

Herkunft und Arten

Wie ihre Freundin, die Venusfliegenfalle, ist auch die Schlauchpflanze eine fröhliche Amerikanerin. Ihre Heimat ist der Osten und Südosten der USA. Von dort erstreckt sich ihr Lebensraum bis nach Kanada. Ihr Lieblingsgebiet ist in Küstennähe, man findet sie aber auch landeinwärts, so beispielsweise in den Appalachen.

Es gibt acht Arten:

Die weiße Schlauchpflanze
Die gelbe Schlauchpflanze
Die grüne Schlauchpflanze
Die rote Schlauchpflanze
Die braunrote Schlauchpflanze
Die blasse Schlauchpflanze

Die kleine Schlauchpflanze sowie
Die Papageien-Schlauchpflanze

Bitte nehmen Sie die Bezeichnungen nicht zu wörtlich. Auch die weiße Schlauchpflanze ist z.B. grün und hat ein gemustertes Dach. Auch sollte beachtet werden, dass Schlauchpflanzen in der freien Natur keinen großen Wert auf „Reinrassigkeit" legen, sodass es immer wieder zu Mischlingen kommt, die dann gerne mal Pflanzenforscher foppen, die glauben, eine neue Art entdeckt zu haben.

Pflege

Im Prinzip gilt hier das Gleiche wie schon bei der Venusfliegenfalle: Sehr viel Licht und sehr viel Wasser machen jede Schlauchpflanze glücklich. Geben Sie ihr so viel Wasser in den Untertopf, dass es dort 1-2 cm hoch steht und füllen Sie nach, wenn sie es verbraucht hat. Bei warmem Wetter oder wenn Sie gerade am Wachsen ist, können Sie davon ausgehen, dass Sie täglich nachfüllen müssen.

Langer Schlauch, kurzer Schlauch

Schlauchpflanzen, die in der Wohnung wachsen, müssen sich normalerweise keine Gedanken um Wind machen. Entsprechend wachsen ihre Schläuche oft sehr schnell in die Höhe. Stellen Sie eine solche Pflanze dann nach draußen, sollten Sie darauf achten, dass sie windgeschützt steht, weil die hohen Schläuche nicht wirklich widerstandsfähig gegen stärkere Luftbewegungen sind.

Exemplare, die draußen aufwachsen, bilden dann auch kürzere Schläuche, um sicher zu sein.

Leerer Schlauch, voller Schlauch

Die Frage liegt in der Luft: Was macht die Schlauchpflanze mit den Überresten, die sich nicht verdauen kann? Die Antwort ist so einfach, wie überraschend: Sie behält sie im Schlauch! Gerade Pflanzen, die draußen stehen, können im Verlauf weniger Monate „voll werden". Ist dies geschehen, holt die Pflanze sich alle Nährstoffe aus dem Schlauch und lässt ihn dann absterben. An seine Stelle tritt dann ein neuer Schlauch.

Man könnte erwarten, dass die Saraccenia einfach ihre Schläuche weiter wachsen lässt, um das Problem zu umgehen. Tatsächlich werden frei-lebende Exemplare im Schnitt bis zu einem Meter groß. Auch ich habe bei meinem Exemplar damit gerechnet, dass gerade die Mini-Schläuche einmal größer werden. Dies geschah jedoch nie. Die Schlauchpflanze treibt einen neuen Schlauch aus, der VERSCHLOSSEN nach oben wächst. Hat er die angepeilte Größe erreicht, öffnet er sich und ist nun einsatzfähig. Ab diesem Tag behält er dann seine Größe bei. Ein neuer Schlauch wird ihn dann eines Tages überflügeln ...

Horch mal, was da brummt!

Sollten Sie sich eine Saraccenia nach Hause holen, sollten Sie sich besser auf Brummgeräusche einstellen, die aus der Pflanze nach draußen dringen. Anders als die

Venusfliegenfalle ist eine Schlauchpflanze nämlich nicht darauf ausgelegt, ihr Opfer zu töten. Sie wartet vielmehr darauf, bis dies von selbst geschieht. Für Sie als Besitzer/in bedeutet dies, dass sie sich an das Geräusch verzweifelter Fliegen und anderer Insekten gewöhnen sollten, die mit wildem Brummen im Schlauch gegen ihr Schicksal ankämpfen. Allzu großherzige Personen dürften daran jedenfalls keine Freude haben. Bitte beachten Sie dies, bevor Sie irgendwann wütend die „grausame Pflanze" aus dem Fenster werfen. Diese erfüllt, bei aller Liebe zu Insekten, auch nur ihre Aufgabe in der Natur.

Der kleine Gartenklempner oder: Wie pflege ich eine Schlauchpflanze?

Im Prinzip gibt es bei der Pflege nichts, was ich nicht schon bei der Venusfliegenfalle erläutert hätte. In der Hinsicht ist die Schlauchpflanze mit ihrer kleinen Verwandten identisch: Nasse Füße im Regenwasser, viel Licht und ein Standort, an dem sie sich selbstständig mit Nahrung versorgen kann sind alles, was eine Saraccenia benötigt, um glücklich zu sein. Sie macht keinen Winterschlaf, ist also das ganze Jahr über ansprechbar und will stets ihr frisches Regenwasser haben.

Was Sie bei Schlauchpflanzen beachten sollten, ist ihr Wachstumsdrang. Irgendwann wird der Topf wieder zu eng (das kann schneller gehen, als man glaubt) und dann muss man sie umtopfen. Ich habe auch bei dieser Pflanze die besten Erfahrungen mit „Gießen von unten" gemacht. Also einen Untertopf, in den ich 2-3 cm Wasser stehen lasse.

Wenn Sie also umtopfen, sollten Sie darauf achten, dass der neue Topf nicht zu tief ist, damit ihre Wurzeln sofort wieder ans Wasser gelangen können. Dazu müssen sie nicht aus dem Topf herauswachsen, weil die Erde das Wasser aus dem Untertopf aufsaugt und so nach oben transportiert. Trotzdem: Ein Topf, der gleich 10 cm tiefer ist, kann die Pflanze in Schwierigkeiten bringen, da ihre Wurzeln dann eben nicht gleich bis zum „nassen Punkt" gelangen können. Ich verwende beim Umpflanzen dann auch immer einen Topf, der nur etwas größer ist. Dadurch muss ich vielleicht etwas häufiger umtopfen, aber ich denke, die Pflanze fühlt sich dadurch wohl (sie wächst wie verrückt).

Bleibt die Frage, wie es im Winter ist. Hier gibt es nur gute Nachrichten: Nahezu alle Arten sind winterhart! Da die Sarracenia bis auf zwei Ausnahmen keinen Winterschlaf macht, bleibt sie aber auch während der kalten Jahreszeit durstig. Die zwei Arten, die nicht winterfest sind, hören auf die Namen Sarracenia minor und Sarracenia psittacina. Sie sehen, die ganzen „Asterix-Namen" können sehr hilfreich sein. Vielleicht wollen Sie Ihre Pflanze ja auch Idefix taufen.

Drosera
Der Sonnentau
Die Lichter der Großstadt

Der Sonnentau ist neben der Venusfliegenfalle der Star im Ensemble der fleischfressenden Pflanzen. Seinen Namen verdankt er den Tautropfen auf den Tentakelspitzen, die wunderschön in der Sonne glänzen. Allerdings ist es kein echter Tau. Vielmehr handelt es sich dabei um eine Klebeflüssigkeit, mit der er seine Opfer festhält. Sollte die Beute zu kräftig sein, um sich davon festhalten zu lassen, kommen bei manchen Arten zusätzliche Fangtentakel zum Einsatz, die sich blitzschnell um das Opfer wickeln und es auf das Blatt pressen. Zahlreiche Sonnentau-Arten beherrschen einen weiteren Trick: Das Blatt, das gerade noch unbeweglich war, wickelt sich dann um die Beute und verhindert so endgültig eine Flucht. Allerdings kommen all diese Mechanismen nur zum Einsatz, wenn es notwendig sein sollte. Seien Sie also bitte nicht enttäuscht, wenn Ihr Sonnentau eine Mücke fängt und sich weigert, Fangtentakel und Blätter in Bewegung zu versetzen, um das kleine Ding doppelt und dreifach zu fixieren. Was nicht notwendig ist, muss auch nicht sein. Wenn doch, ist es allerdings ein wirklich spektakulärer Anblick. Ich erinnere mich an der Stelle an ein Foto, das im Internet kursierte und auf dem man sah, wie ein Sonnentau eine an sich viel zu große Libelle fing. Er hatte einfach eines seiner Blätter um ihr

„Heck" gewickelt, um zu verhindern, dass sie abhauen konnte. Zurückhaltung ist etwas für andere Pflanzen.

Hängt die Beute dann fest, werden über die Blätter Enzyme freigesetzt, die das Opfer zersetzen und schließlich nimmt der Sonnentau den „Brei" über seine Drüsen auf. Zurück bleiben, wie schon bei der Venusfliegenfalle, die unverdaulichen Überreste.

Herkunft und Arten

Der Sonnentau ist ein wahrer Kosmopolit: Es gibt über 200 Arten, deren natürliche Lebensgebiete über den ganzen Globus verstreut sind. Es würde mich nicht wundern, wenn er auch auf dem Mond wachsen würde. Da manche Sonnentau-Arten bis zu 50 Jahre alt werden, kann er durchaus die Pflanze fürs Leben sein.

Pflege

Bei einer solchen Vielfalt an Varianten ist es unmöglich, die eine Pflegeanleitung zu geben, die jeder Sonnentaupflanze gerecht wird. Dazu sind die Orte, an denen er wächst, viel zu unterschiedlich in ihren klimatischen Bedingungen. Ich beschränke mich von daher auf die Arten, die man normalerweise bei uns im Einzelhandel findet.

Wie schon die Venusfliegenfalle benötigt auch der Sonnentau sehr viel Licht. Bei Haltung in der Wohnung oder im Haus sollte es das Südfenster sein.

In puncto Wasserversorgung stellen Sie den Topf mit ihm am besten in einen Untersetzer, in den sie Regenwasser füllen. Ein bis zwei Zentimeter sind ideal. Bitte behalten sie den Wasserstand im Auge: Sonnentaue können sehr durstig werden und es reicht nicht, einmal in der Woche nach ihm zu sehen. Tägliche Kontrolle ist Pflicht! Hat er das Wasser aufgesaugt, darf er auch einmal ein paar Stunden oder einen Tag im Trockenen stehen. Er mag das! Spätestens am nächsten Tag muss aber nachgefüllt werden.

Durch das (verdunstende) Wasser im Untersetzer wird auch hier eine höhere Luftfeuchtigkeit um die Pflanze herum erzeugt, was ihm sehr zugute kommt. Es muss also nicht immer ein Terrarium sein.

Wie bei allen Fleischis gilt: KEIN DÜNGER!! Es gibt Sonnentaue in der freien Natur, die sich sicherheitshalber von dem Enzym getrennt haben, das nötig ist, um Nährstoffe aus dem Boden aufzunehmen. Was die Evolution in unendlich langen Zeiträumen organisiert hat, sollte der Mensch nicht ignorieren. Also keinen Dünger!

Als hilfreich hat es sich ebenfalls erwiesen, den Sonnentau so einzupflanzen, dass er ein bisschen freien Platz um sich herum hat. Was ein echter Sonnentau ist, braucht einfach Bewegungsfreiheit. Denken Sie auch hier an die freie Natur, in der es kaum Pflanzen gibt, die es neben ihm aushalten. Nun ist das nicht seine Schuld, aber wer an den ungastlichsten Orten wächst, ist halt meist alleine. Eine Ausnahme bildet das Torfmoos. Dabei handelt es sich um eine Moosart, die ebenfalls gerne alleine ist. Um sicher zu gehen, dass es seine Ruhe hat, entsorgt das Torfmoos hier und da etwas chemischen Abfall in den Boden, der dafür sorgt, dass dieser sauer wird. Was bis dato noch dort wuchs, segnet dann schnell das Zeitliche. Außer man ist ein Sonnentau und pfeift auf schwierige Böden. So hat sich unser Freund von solchen Zickendramen nie verjagen lassen, was im Laufe der Zeit erst zu einem Waffenstillstand und schließlich zu einer Freundschaft zwischen Sonnentau und Torfmoos führte. Die Schöne und das Biest gehen auch öfters mal gemeinsam in einem Topf über die Ladentheke.

Eine häufig anzutreffende Variante ist der sogenannte Zwergsonnentau. Dieser benötigt ebenfalls freien Platz um sich herum und pflanzt sich im Herbst mittels sogenannter Brutschuppen fort.

Der Sonnentau im Lauf der Jahreszeiten

Frühjahr

Wie schön, die Sonne kommt heraus und verspricht, bald eine reichhaltige Auswahl an leckeren Nahrungsmitteln durch die Lüfte fliegen zu lassen. Der Sonnentau freut sich schon darauf.

Sommer

Die beste Zeit im Jahr! Endlich scheint die Sonne in ihrer ganzen Pracht auf unseren kleinen Freund herab. Wenn er genügend Licht erhält, färben seine Tentakel sich vor Freude rot, was dafür sorgt, dass sein Essen neugierig näher kommt. Leider kommen dabei auch Insekten, die ihn als Essen sehr schätzen: Blattläuse. Man mag es nicht glauben, wie schlau diese kleinen Biester sein können, wenn es darum geht, nicht gefressen zu werden. Wenn Sie ihn auf Blattläuse untersuchen wollen, tun Sie dies überall dort, wo er keine Fangtentakeln hat. Prüfen Sie die Unterseite der Blätter!

Herbst

Der Kleine ist jetzt prächtig anzuschauen. Er erlebt nun die alljährliche Geschlechtsreife und fängt zu blühen an. Damit die Bienen nicht in Gefahr kommen, lässt er sich einen langen Stengel wachsen, auf dem Bestäuberinsekten gefahrlos landen können. Jetzt klappt es auch mit den Blattläusen, die zur Blüte krabbeln und dabei feststellen, dass der Stiel ganz kleine Tentakelchen hat, die zwar nicht rot, aber trotzdem sehr effektiv sind. Finger (und Rüssel) weg von meiner Blüte!

Winter

Bei der großen Zahl an Varianten, die man beim Sonnentau findet, ist es unmöglich, von einem einheitlichen Verhalten während der kalten Jahreszeit zu sprechen. Manche ziehen sich über den Winter in eine Brutknospe zurück, um im Frühjahr wieder auf die Jagd zu gehen. Andere tauschen ihre Fallen gegen Winterblätter. Ich habe auch schon Bilder von Sonnentauen gesehen, bei denen man den Eindruck hatte, dass ihre Blätter sich in Arme verwandeln, die dann den Körper fest umschließen, um ihn warm zu halten. Generell freut sich der Sonnentau sehr, wenn Sie ihm eine sonnige Fensterbank bieten können, wo er den Winter verbringen kann. Dann schaut er den Kindern zu, die draußen im Schnee spielen und zehrt vom Winterspeck, den unzählige Insekten unterstützt haben.

Zum Schluss:

Ihnen ist sicherlich nicht entgangen, dass sich ein Teil der Beschreibung hier stark nach Venusfliegenfalle anhört. Tatsächlich sind die beiden miteinander verwandt. Wenn

Sie also ein glückliches Händchen für die eine Pflanze
haben, sollte es mit der anderen auch klappen.

Pinguicula
Das Fettkraut
Mord in den Alpen

Irgendwo in den Bergen, 18:20 Uhr:

Ein unbeschreiblich schöner Sonnenuntergang erhellt den Horizont. Fast könnte man glauben, der Himmel würde in Flammen stehen. Ist es ein Wunder, dass eine derart romantische Kulisse bei manchen Bergbewohnern ein wahres Feuer der Lust entzündet?

Zwei Fliegen in Trachtenkleidung jagen wild surrend über die Wiese und brummen sich dabei unanständige Worte zu. Gelegentlich landen sie auf einem Blatt, das sie dann durch ihr wildes Geturne zum Schaukeln bringen. Sie sind verliebt. Sie sind erregt. Ihre Sinne nehmen nichts mehr wahr, außer dem Sonnenuntergang und ihrer Liebe. Und dann geschieht es:

»Sepp, ich hänge fest«, spricht Resi, die Stubenfliege. Und Sepp, die gemeine Misthaufenfliege, ein ganzer Kerl in Lederhosen, landet neben ihr, um zu helfen. »Keine Angst, meine kleine Ziegenhirtin. Dein Sepp macht das schon.« Er wirft seiner Angebeteten schmachtende Blicke zu, die ihn verunsichert anblickt, weil sie ihre Beine nicht von dem grünen Blatt lösen kann. Und auch Sepp klebt jetzt fest und versteht die Welt nicht mehr.

Unterdessen werden unter ihnen komplexe Prozesse in Gang gesetzt, die dafür sorgen, dass Drüsen auf den

Blättern Enzyme freisetzen, die Resi und Sepp töten und verdauen werden. Schon bald werden ein sehr kleiner Trachtenanzug und ein winziges Dirndlkleid alles sein, was noch auf den Blättern liegt, und dann kommt auch schon der Wind oder Regen, um die Blätter wieder sauber zu machen ...

Eigentlich sollte es dem menschlichen Geist zu denken geben, wenn eine Pflanze ihren Blütenstengel weit von sich streckt, als wolle sie verhindern, dass Bienen und andere Bestäuber in Kontakt mit ihren Blättern kommen. Wenn dann dieselbigen noch mit Insektenleichen dekoriert sind, müsste eigentlich der Groschen fallen. Zumindest sollte eine klitzekleine Vermutung auftauchen, dass hier etwas nicht stimmt. Tatsächlich war es jedoch lange Zeit nicht der Fall. Alles was den Leuten auffiel, war der fettige Glanz der Blätter, weshalb sie unsere kleine Freundin auf den Namen Fettkraut tauften. Ich frage mich, was die Leute, die das taten, über die Insektenleichen auf den Blättern dachten. Vielleicht gingen sie ja nach Hause und erzählten im Dorf, dass die „Fliegengrippe“ wüten würde.

Jedenfalls wurde das Fettkraut bereits mehrere hundert Jahre in Kräuterbüchern erwähnt, als 1875 Charles Darwin auftauchte und sich die Eine-Million-Dollar-Frage stellte: »Wo zum Teufel kommen die ganzen toten Insekten auf den Blättern her?« Darwin untersuchte die Pflanze und kam zu der Feststellung, dass sie karnivor, also fleischfressend ist. In den folgenden Jahrzehnten fiel den Leuten dann auch auf, dass die Pflanze mit dem schönen Glanz gleich in mehreren Varianten existierte. Mittlerweile sind über 80 Arten bekannt und in Mexiko findet man bis heute immer wieder weitere Arten der Pinguicula.

Im Gegensatz zu ihren Kolleginnen ist das Fettkraut für dezentes Understatement berühmt. Mit Ausnahme seiner glänzenden Blätter weist nichts auf irgendeine Andersartigkeit hin. Sie schwenkt nicht ihr Gebiss in der Gegend herum, wie die Venusfliegenfalle es tut. Sie baut keine farbenprächtigen Kannen und ganz bestimmt fällt sie nicht durch raffinierte Farbenspiele auf. Sie hat einfach nur grüne Blätter, die hell glänzen. Und dann kommen die neugierigen Insekten, um herauszufinden, wo das Glänzen herkommt und stellen fest, dass es nicht die Blätter sind, die glänzen, sondern ein Fangsekret, dass von Drüsen auf der Blattoberfläche ausgeschieden wird. Natürlicher Klebstoff. Und dann scheiden weitere Drüsen auch schon den enzymhaltigen Verdauungssaft aus. Man könnte sagen, dass das Fettkraut ein Ferkel ist, weil es sich nicht geniert, die Insekten im hellen Tageslicht zu verdauen. Quasi Public Viewing. Dem Erfolg tut es keinen Abbruch und so stellt das Fettkraut unter Beweis, dass eine Sache nur genügend glänzen muss, damit alle übersehen, wie gefährlich sie ist.

Interessantes über das Fettkraut

Si, Senior! Rund die Hälfte aller bekannten Arten sind in Mexiko zuhause. Von dort aus findet man das Fettkraut in Mittel- und Südamerika, bis hinunter nach Afrika und Feuerland. Auch Nordamerika besitzt eine Reihe einheimischer Arten. Wie wir eingangs sahen, wächst das Fettkraut auch in Mitteleuropa. Es gibt Fettkraut-Vorkommen in Deutschland, Österreich und der Schweiz. Obwohl das bei uns heimische Fettkraut hauptsächlich in der Alpenregion zu finden ist, beschränkt es sich nicht darauf. So ist ab und zu von Fettkrautpflanzen zu hören, die Lederhose und Dirndlgwand abgelegt haben, um ganz ungeniert in der Nähe der Preußen zu wohnen. Darüber hinaus hat die kleine Alpenbewohnerin einen festen Platz bei vielen Orchideenzüchtern gefunden. Diese setzen es als natürlichen Schädlingsbekämpfer ein. Tatsächlich ist das Fettkraut gerade hier kaum zu schlagen. Meine eigene Erfahrung hat mir gezeigt, dass Fettkraut beispielsweise bei Trauermückenbefall enorm hilfreich ist. Stellen Sie der befallenen Pflanze einfach mehrere Fettkräuter zur Seite und schon können Sie in Ruhe beobachten, wie die Trauermücken sich den glänzenden Blättern zuwenden und dort kleben bleiben und dann verdaut werden. Das wirkt wie Gelbstreifen, nur dass die Trauermücken hier einer höchst sympathischen Pflanze als Hauptgang dienen. Mahlzeit!

Nicht nur Hobby- und Profigärtner, die mit Schädlingen zu tun haben, schätzen das Fettkraut. So wurden die ein oder andere Sorte früher als Labmittel für Milch verwendet oder wegen seiner heilenden Wirkung bei Keuchhusten und Fieber als Heilpflanze geschätzt. Auch für „haarige Angelegenheiten" war es stets gerne zu haben. So machte es Karriere als Haarwuchsmittel und Bestandteil von Haarfärbemitteln. Die Behauptung, dass manche Menschen in der Nacht aus dem Schlaf gerissen wurden, weil ihre Haare nach einer vorbeifliegenden Mücke geschnappt haben, halte ich allerdings für ein Gerücht.

Kurioses

Beim Alpenfettkraut drücken die unteren Blätter mit hoher Kraft gegen den Untergrund. Ein Phänomen, dessen Sinn erst klar wurde, als man eine Pflanze ausriss: Durch den hohen Druck schlossen die Blätter sich sofort um die Wurzel, um diese zu schützen. Eine bemerkenswerte Eigenschaft. Leider sind es gerade solche Dinge, die dazu beitragen, dass Karnivoren vom Aussterben bedroht sind. Was Schaulustige anzieht, ist nicht immer gut für die Pflanze, die dann im Todeskampf liegen bleibt. Gleiches gilt für die Venusfliegenfalle, von der laufend Exemplare sterben müssen, weil es so toll ist, dem Besuch vorzuführen, wie sie nach einem Bleistift oder Kugelschreiber schnappt.

Haltung und Pflege

Egal ob feurige Mexikanerin oder bodenständiger Alpenbewohner: Das Fettkraut hält nichts von exotischer Dschungelatmosphäre, nassen Sümpfen und ständig feuchten Schuhen. Um es glücklich zu stellen, sollten Sie Karnivorenerde verwenden und es von Zeit zu Zeit gießen, ohne es ständig in eine Pfütze zu stellen. Ich persönlich gebe immer gerne von oben einen dünnen Strahl Wasser hinzu. Ich mache das, weil ich beim Umpflanzen gesehen habe, was für winzige Würzelchen das Fettkraut hat und irgendwie traue ich dem Braten mit dem „Wasser steigt nach oben-Prinzip" dann doch nicht. Meine Fettkraut-Pflanzen sind damit einverstanden und wachsen wie die Weltmeister. Ich muss zugeben, dass es auch daran liegt, dass ich bei ein paar Pflanzen immer wieder Anfälle von Trauermücken erlebe. Dann stelle ich das Fettkraut dazu auf die Fensterbank, mache den Vorhang zu, sodass die Mücken nicht fliehen können und innerhalb weniger Wochen sind die Blätter des Fettkrauts mit Mücken übersät und wachsen wie verrückt, um noch mehr Trauermücken zu schaffen. Das laute Mampfen, das eines Nachts aus dem Zimmer zu hören war, stammte dann aber doch von meinem Hund, der sich eine Packung Katzenkekse gemopst hatte.

Das Fettkraut im Lauf der Jahreszeiten

Beim Fettkraut sind ein paar Dinge anders, weshalb ich hier mit dem Winter beginne:

Winter

Da unsere Freundin keine speziellen Fangvorrichtungen besitzt, hat die Natur ihr etwas mehr Flexibilität mitgegeben: Im Winter, wenn weit und breit keine Mücken zu finden sind, legt es sich Winterblätter zu. Diese sind nicht mit Kleber versehen, sondern tun einfach das, was normale Blätter halt so tun: Atmen und Photosynthese betreiben. Wenn dabei Fangblätter im Weg sind, werden sie auch mal von der Pflanze entsorgt.

Frühjahr

Mit der anstehenden Rückkehr der Mücken wird es nun Zeit, die Winterblätter loszuwerden und gegen Fangblätter auszutauschen. Vorsicht: Blattläuse nutzen diese Zeit gerne, um sich auf das Fettkraut zu stürzen!

Sommer

Erschrecken Sie nicht, wenn es scheint, als würde Ihr Fettkraut eingehen, weil es zunehmend Blätter abwirft. Dies sind die letzten Winterblätter, die jetzt einfach weg müssen.

Sie können diese übrigens verwenden, um daraus neue Pflanzen zu ziehen. Legen Sie sie auf Karnivorenerde, sorgen Sie für Licht und Feuchtigkeit und staunen Sie, wenn aus den Blättern plötzlich kleine Fettkräutlein sprießen. Ach ja, bei guter Versorgung mit Nachschub wird das Fettkraut jetzt zum Insektenfriedhof. Da müssen Sie durch. Entfernen Sie nichts, was noch nicht komplett verdaut ist. Am besten entfernen Sie gar nichts. Hey, wer hat gesagt, dass fleischfressende Pflanzen harmlos aussehen?

Herbst

Auch das Fettkraut blüht jetzt. Genauer: Im Spätsommer kommen die ersten Blüten. Und irgendwie ist es schon traurig, dass es bald nichts mehr zu essen geben wird. Kann ich noch eine Mücke haben?

Fleischis
für Fortgeschrittene

Mit den nun folgenden Karnivoren begeben wir uns auf ein neues Level: Sie sind in der Haltung nicht ganz so einfach wie die bisher beschriebenen Gattungen und manche von Ihnen sind sogar richtig anspruchsvoll. Das heißt aber nicht, dass sie nur für ausgebildete Botaniker geeignet wären. Im Gegenteil: Es gibt zahlreiche Hobbyzüchter, die sehr viel Freude an ihren Exemplaren haben.

Generell empfehle ich, sich erst mal ein paar Monate mit den bisher genannten Pflanzen zu befassen, bevor man den nächsten Schritt macht. Außer ein paar Freunde meinen es besonders gut mit Ihnen und Sie finden an ihrem Geburtstag ein lebendes, grünes Etwas auf dem Gabentisch, dass höflich nach einer Fliege fragt. »Bitte ungewürzt, so schmecken sie am besten.« Willkommen in der Welt von Nepenthes und Co!

Nepenthes
Die Kannenpflanze
Wenn die Gondeln Fliegen tragen

Die Nachricht ging um die Welt: Im Dschungel Borneos macht eine fleischfressende Pflanze gemeinsame Sache mit Fledermäusen! Diese benutzen ihre Falle als Wohnung und revanchieren sich dafür, indem sie ihre Ausscheidung gleich in der Falle hinter sich bringen. Die fleischfressende Pflanze wiederum zieht aus dem Fledermaus-Kacka deutlich mehr Stickstoff, als aus ihrer normalen Beute und muss dafür nicht mal jagen. Gibsn sowas?

Bei der so partnerschaftlich eingestellten Pflanze handelt es sich um Nepenthes, die Kannenpflanze. Wobei es nicht geklärt ist, ob sie von den Fledermäusen gefragt wurde, ob sie ihnen als Heimstatt und Toilette dienen möchte. Immerhin gibt es auch eine Ameisenart, die immun gegen ihre Verdauungssäfte ist und ihr regelmäßig Insekten in die Fallen treibt, die sie dann halbverdaut wieder herausfischen und verzehren. Quasi als Anteil an der Beute.

Die Kannenpflanze ist ein Phänomen. Nicht nur, dass sie manche Tiere frisst und mit anderen kooperiert, sie ist auch im Bezug auf ihr Lebensumfeld sehr flexibel. Sie wächst in eisigen Gebirgen, auf sommerlichen Wiesen und eben auch im Dschungel. Sie wächst in der Erde, aus Felsspalten und mancherorts auch hoch in der Luft um einen Baum gewickelt, weshalb manche Leute sie auch als Ranke bezeichnen. Eine fleischfressende Ranke? Warum nicht!

Im Gegensatz zu den meisten Karnivoren hat die Kannenpflanze im Lauf der Evolution ihre Blätter nicht in Fallen verwandelt, sondern einfach um solche ergänzt. Diese sehen aus wie Kannen und ähneln von der Funktionsweise denen der Schlauchpflanze. Nur dass sie nicht aus dem Boden wachsen, sondern an Ranken, die aus den Enden der Blätter herauswachsen.

Herkunft und Arten

Nepenthes sind exotisch. Entsprechend sind sie auch nicht wirklich in der westlichen Welt anzutreffen. Die meisten Arten trifft man in Sumatra und Borneo an. Immer noch sehr häufig findet man sie auf den Philippinen und in Malaysia. Der Rest genießt das Leben auf Sri Lanka, den Seychellen, Madagaskar und Australien. In Indien existiert eine bekannte Art (ob sie Yoga macht?) und auch China hat eine heimische Nepenthes. Es soll weitere Arten auf den Molukken geben, zwei auf Java und eine Variante in Neu-Kaledonien. Somit ist sie nicht auf ein Herkunftsland beschränkt, aber von einer weltumspannenden Invasion der Kannenpflanzen kann man trotzdem nicht sprechen.

Aktuell sind etwas mehr als 100 Arten bekannt. Hinzu kommen Kreuzungen. Diese sind nicht zwangsweise auf natürlichem Weg entstanden, sondern um Varianten zu erschaffen, die in unseren Breitengraden leichter zu halten sind. Sollte es Ihnen so gehen wie mir (in Bayern existieren keine tropfnassen Dschungelgebiete), werden Sie die Existenz von Hybriden vermutlich dankbar annehmen.

Pflege

Kannenpflanzen leben an Orten, an denen es richtig feucht und oft heiß ist. An manchen dieser Orte sind die Nächte enorm kalt. Nicht zu vergessen, dass manche Nepenthes sich in Gegenden angesiedelt haben, wo es auch am Tag nicht gerade warm ist. Und dann leben manche eben im Dschungel und andere im Gebirge. Manche sind im Tiefland anzutreffen, andere im Hochland. Entsprechend sollte dann auch das Lebensumfeld aussehen, das man einer solchen Pflanze bietet. Vorausgesetzt man weiß, wo genau diese eine Art herkommt. Manche Kannenpflanzen brauchen eine deutliche Temperaturabsenkung in der Nacht. Andere schätzen das wiederum gar nicht.

Liebhaber von Nepenthes sind sehr oft Menschen, die sich durch enormes Wissen und Fähigkeiten im Bereich der künstlichen Erschaffung von Lebensbedingungen auszeichnen. Sie arbeiten mit Terrarien, Wärmelampen und allerlei anderen Dingen, die Otto Normalgärtner eher bei Reptillienzüchtern vermuten würde. Und sie sind sehr erfolgreich damit. Falls Sie nicht so aufwendig agieren wollen, wäre also eine Hybride ein sehr guter Tipp.

Die gute Nachricht: In den Gartencentern, Baumärkten etc. werden meist Hybriden angeboten. Diese sind robuster und verzeihen auch mal Pflegefehler, was aber nicht heißen soll, dass sie anhaltende, falsche Pflege für immer überleben.

Da die Kannenpflanze ihre normalen Blätter behalten hat, kann sie diese auch zur Photosynthese verwenden. Dies bedeutet, dass sie nicht über den gleichen monströsen Hunger auf Licht und Wasser verfügt, wie die meisten ihrer

Kolleginnen. Allerdings will sie es warm haben und benötigt eine hohe Luftfeuchtigkeit. Durch ihre Rankengene lassen sich Kannenpflanzen auch gut im Blumenampeln halten. Dann hängen sie von der Decke herab und singen ein fröhliches Lied.

Bezüglich der Erde verwende ich ganz normale Karnivorenerde. Ich halte meine Nepenthes nicht so feucht, wie die anderen Fleischis, aber ich lasse sie auch nicht austrocknen. Im Schnitt erhält sie einmal pro Woche einen Schluck Regenwasser und sie fühlt sich sehr wohl damit.

Wenn Ihre Nepenthes Kannen hat, die von oben her vertrocknen, so ist dies nicht zwangsweise ein Anzeichen, dass es ihr nicht gut geht. Sie baut einfach von Zeit zu Zeit Kannen ab, um dann wieder neue zu bilden. In dem Fall holt sie sich alle Nährstoffe aus der Kanne, um sie wieder zu verwerten. Also machen Sie sich bitte keine Sorgen, wenn gelegentlich Kannen von oben her vertrocknen.

Es heißt, bei zu geringer Luftfeuchtigkeit (oder zu wenig Licht) verzichtet die Pflanze auf die Bildung neuer Kannen. Ebenso wie sie sich mit der Kannenbildung zurückhält, wenn sie frei und ungehindert nach oben wachsen kann. Klar, sie muss mit ihrer Energie haushalten und gleichzeitig neue Triebe und Kannen bilden wäre etwas anstrengend. Dementsprechend sagen manche Leute, durch Stutzen der Pflanze würden mehr Kannen entstehen. Nun muss man die Pflanze aber nicht unbedingt vom Wachsen abhalten. Vielleicht sind Sie ja mit der Anzahl der vorhandenen Kannen glücklich. Dann macht es keinen Sinn, da herum zu schnipseln. Auch hier gilt: Entscheiden Sie selbst und folgen Sie dabei Ihrem Herzen.

Meine Nepenthes ist ein Hybride. Eine Nepenthes ventricosa x alata. Das ist kein Zauberspruch aus Harry Potter, sondern eine ganz normale, botanische Bezeichnung und bedeutet eben, dass Nepenthes ventricosa und Nepenthes alata die glücklichen Eltern meiner Süßen sind. Im Bezug auf die Luftfeuchtigkeit kommt sie mit 60% stets gut zurecht („reinrassige" Varianten wollen da gerne mehr) und ist auch bezüglich der Temperatur etwas toleranter. Bisher lief auch ohne Terrarium alles gut.

Sollten Sie dennoch eine reinrassige Variante erwischen, müssen Sie zuerst herausfinden, ob es sich um eine Hochland- oder Tiefland-Variante handelt. Davon hängt ab, ob die Temperatur den ganzen Tag gleichbleibend sein muss, oder ob die Pflanze in der Nacht eine Temperaturabsenkung benötigt. Auch der Bedarf an Licht und Luftfeuchtigkeit muss ermittelt werden. Benutzen Sie die botanische Fachbezeichnung Ihrer Pflanze, um diese Infos zu erhalten.

Ach ja: Es könnte ganz schnell passieren, dass Sie dann bald mit Terrarium und Wärmelampe unterwegs sind und dies wird nur der Anfang sein. Und vermutlich werden Sie es dann lieben!

Cephalotus
Der Zwergkrug
Wenn Pflanzen lachen

Ich kann mir nicht helfen, aber beim Anblick eines Zwergkrugs muss ich immer lächeln. Es liegt daran, dass es so aussieht, als würde er einem zulachen und dann erwidert man das freundliche Lächeln natürlich. Man will ja nicht unhöflich sein.

In gewisser Weise hat der Zwergkrug tatsächlich ein sehr freundliches Wesen. Wo andere Karnivoren sich auf alles stürzen, was fliegt oder rennt, lächelt der Zwergkrug den meisten Tieren nur freundlich zu, wenn sie an ihm vorbeiziehen. Sein Speiseplan beschränkt sich dann auch überwiegend auf Ameisen. Die liebt er allerdings heiß und innig. Er hat sie tatsächlich zum Fressen gern und so endet manche Ameisenexpedition im Inneren eines stets freundlich lächelnden Zwergkrugs. Seine Art, Beute zu fangen, entspricht der Kannenpflanze. Er arbeitet also nach dem Prinzip der Grubenfalle.

Herkunft und Arten

Der Zwergkrug ist ein Australier (ist Ihnen schon mal aufgefallen, wie viele freundlich aussehende und dabei komplett tödliche Tiere und Pflanzen Australien hat? Ein Wunder, dass es dort noch Menschen gibt ...) und wächst dort in dauerfeuchten Quellgebieten. Da er ständig aufpassen muss, nicht von anderen Pflanzen überwuchert zu werden (Zwergkrüge werden nicht größer als zehn Zentimeter) wohnt er nur in Gegenden, in denen die Vegetation durch regelmäßige Brände im Zaum gehalten wird. Wir kennen das bereits von der Venusfliegenfalle, die es in den USA ganz ähnlich hält. Sollte man die regelmäßigen Brände in den Regionen, in denen Zwergkrüge wachsen, irgendwann abstellen, wird es auch für den Zwergkrug eng werden.

Neben seinem freundlichen Wesen zeichnet sich unser Freund durch große Bescheidenheit und Bodenständigkeit aus. So hat er darauf verzichtet, die Welt zu bereisen und immer neue Arten hervorzubringen. Es gibt nur einen Zwergkrug.

Pflege

Wer über ein so sonniges Wesen verfügt, will natürlich auch viel Sonne haben und zwar das ganze Jahr über. Da der Zwergkrug desöfteren gerne lacht, bis ihm die Tränen kommen, braucht er natürlich den entsprechenden Flüssigkeitsnachschub. Dies bedeutet, dass er nach hoher Luftfeuchtigkeit verlangt. Dauerhaft nasse Füße verträgt er hingegen überhaupt nicht. Seine Wurzeln sind sehr zart, und wenn er längere Zeit im nassen Boden steht, verfaulen diese, was innerhalb weniger Tage zum Tod der Pflanze führt. So steht man vor dem Problem, dass der kleine Mann stets nach Wasser verlangt, es aber überhaupt nicht verträgt, einen über den Durst zu trinken. Zwergkrüge richtig zu gießen ist eine Kunst und man hat nicht wirklich

Zeit zum Üben, weil er bei Fehlverhalten in sehr kurzer Zeit eingeht.

Im Winter will der Zwergkrug zwar nach wie vor viel Sonne haben, allerdings mag er es dann auch etwas kühler. Seine Wohlfühltemperatur während der kalten Jahreszeit liegt bei 12 Grad Celsius. Ein sonniger Fensterplatz im kühlen Hausgang bietet sich hier an.

Wie alle Karnivoren ist auch der Zwergkrug bei Schädlingen nicht unbeliebt. Neben den üblichen Verdächtigen (Blattlaus und Co) sind auch Wurzelpilze und Mehltau gerne zur Stelle, wenn ein Zwergkrug auftaucht. Gegen erstere schützen sie ihn, indem Sie das Substrat nicht ständig nass halten. Gegen Mehltau lassen sich handelsübliche Spritzmittel einsetzen. Es wäre nicht verkehrt, ein solches Mittel GLEICHZEITIG mit dem Zwergkrug anzuschaffen, da es wirklich eilt, wenn der Mehltau zu Gast kommt!

Fazit:

Wir kennen es von den Menschen: Freundliche Zeitgenossen mit Herz sind oft sensible Naturen, die unsere Welt schöner machen, aber auch nach feinfühligerem Umgang verlangen. Der Zwergkrug macht hier keine Ausnahme. Erfahrene Karnivorenzüchter können sich durchaus an einen Zwergkrug wagen. Als Einstiegspflanze oder für Ungeübte ist er allerdings nicht zu empfehlen, da er doch recht anspruchsvoll in der Haltung ist.

Sollten Sie allerdings zu den Profis zählen, deren Garten und Terrarien mit fleischfressenden Pflanzen übersät sind, und die aus dem Stegreif stundenlange Vorträge über die Eigenschaften unterschiedlicher Wärmelampen halten können, während sie gleichzeitig einer extrem anspruchsvolle Sonnentau-Variante einen Kuchen zum vierten Jahr bei Ihnen backen, wird der Zwergkrug sie nicht wirklich vor Schwierigkeiten stellen. Doch jetzt müssen Sie mich kurz entschuldigen, ich platze gerade vor Neid.

Darlingtonia
Die Kobralilie
Wenn Schlangen aus
dem Boden wachsen

Weitere Namen: Kobrapflanze, Draculapflanze

Im Gegensatz zum Zwergkrug, der in größerer Anzahl auch mal das Gefühl vermittelt, dass da ein paar alte Kumpels beisammen sind und Spaß haben, macht die Kobralilie durch ihre Optik von Anfang an klar, dass sie nicht gekommen ist, um Witze zu erzählen. Auf den ersten Blick hat sie eine gewisse Ähnlichkeit zur Schlauchpflanze (mit der sie auch verwandt ist), nur dass die Schläuche hier nicht einfach in den Himmel wachsen, sondern die Form von Schlangen haben, die sich entweder aufrichten oder über den Boden kriechen und dabei zischend mit der Zunge schlängeln. Um der Authentizität Folge zu leisten, hat die Kobralilie dann auch einen Auswuchs, der an eine Zunge erinnert und - natürlich - meist rot ist. Da Kobralilien gerne viele Schläuche produzieren, kann ein erwachsenes Exemplar im Topf schon mal den Eindruck eines Schlangennestes erwecken. Der Name ist also durchaus berechtigt.

Und dann kommen die Insekten und rufen sich Dinge zu wie: »Hey Karl-Heinz! Ich wette fünf Pollen, dass Du Dich nicht an die Schlange rantraust«, und weil Karl-Heinz kein Feigling sein will, fliegt er natürlich näher hin. Dabei stellt er fest, dass die Schlange in Wirklichkeit eine harmlose Pflanze ist und beschließt, seine Kumpels zu beeindrucken, indem er ihr ins Maul kriecht und ... nie wieder kehrt. Verzeihung, ich meinte „nie wiederkehrt". Kehren wird Karl Heinz aber auch nicht mehr ...

Noch spannender ist es mit den Schläuchen, die am Boden liegen und „tote Schlange" spielen. Schon so manche Ameise hat sich dann in den „Mund" hineingewagt und ward nie mehr gesehen. Somit jagt die Kobralilie zu Lande und zur Luft.

Für den Fall, dass die Neugierde alleine nicht ausreicht, produzieren Drüsen auf der „Zunge" einen süßen Nektar, der für Insekten mehr als verführerisch durftet. Wenn sie dann dem Nektar folgen wie einst Hänsel und Gretel den Brotkrumen, landen sie schließlich an der Öffnung zum Schlauch, wo besonders viel Nektar produziert wird. Wer jetzt seinen Naschzahn nicht beherrschen kann, findet sich plötzlich im Kopf der Schlange wieder und will - natürlich - schleunigst wieder raus. Zu diesem Zweck hat die Kobralilie oben an der „Schädeldecke" mehrere Sichtfenster nach draußen. Die Insekten, die nun durchstarten, um auf diesem Weg zu fliehen, krachen gegen die Fenster und stürzen nun in den Schlauch, wo sie Bekanntschaft mit der Verdauungsflüssigkeit der Darlingtonia machen. Ironie des Schicksals: Ab diesem Moment ist die Kobralilie auf fremde Hilfe angewiesen, da sie keine Verdauungsenzyme herstellen kann, um die Nahrung zu verwerten. Hierzu benötigt sie Bakterien, mit denen sie eine Symbiose eingeht. Da die Kobralilie also Nahrung fangen, aber nicht ohne fremde Hilfe verdauen kann, wird sie als „präkarnivor" bezeichnet. Also als ein

Vorstadium zu den bekannten fleischfressenden Pflanzen, die von der Jagd bis zur Verdauung alles selbst machen können.

Leider wird die hohe Raffinesse, mit der die Kobralilie ihre Beute jagt und fängt, von Mutter Natur nicht gerade im Übermaß belohnt. So ist die Kobralilie keine allzu erfolgreiche Jägerin und muss neidisch zusehen, wie ihre Schwester, die Schlauchpflanze sich die Schläuche bis oben hin mit Essen füllt. Aber echte Schlangen fressen ja auch nicht zehn mal am Tag und so kommt unsere Freundin sehr gut mit dem zurecht, was sie fängt.

Herkunft und Arten

Die Kobralilie ist in den USA zuhause, genauer in Oregon und Kalifornien. Dort besiedelt sie Gebirgszüge und ist desöfteren gemeinsam mit Fettkraut und Sonnentau zu sehen. Vereinzelt verlässt sie aber auch das Gebirge und ist dann bis zur Küste des Pazifik anzutreffen. Man sagt ihr nach, dass sie gerne am Ufer von Bächen wächst, wo das fließende Wasser ihre Wurzeln umspült und ihr hilft, einen kühlen Schlangenkopf zu bewahren.

Pflege

Aus der bisherigen Beschreibung ergibt sich, dass die Kobralilie mit den Wurzeln im kühlen Nass stehen will. Diese Vorliebe für kühles Wasser wird ihr bei der „Haltung in Gefangenschaft" oft schnell zum Verhängnis. Gerade im Sommer erwärmt sich das Wasser um ihre Wurzeln sehr schnell und sie geht ein. Wie beim Zwergkrug kann dies innerhalb eines Tages geschehen. Mehr als alles andere sollten Sie also auf stets kühles Wasser achten. Dabei ist ein schattiger Standort keine Lösung. Im Gegensatz zu ihrem schaurigen Namensgeber mag die Draculapflanze nämlich so viel Licht wie nur möglich! Nur dass viel Licht das Wasser wieder aufheizt. Es ist zum Mäusemelken.

Um dieses Problem zu lösen, gibt es mehrere Wege:

1. Sie stellen das Gießwasser in den Kühlschrank (nicht wirklich optimal).
2. Sie verwenden einen Tontopf. Dieser entzieht dem Boden die Flüssigkeit, die nun verdampft und damit wieder die Wurzeln kühlt.
3. Sie decken das Wasserbasin am Boden ab, um es so vor Licht und Erwärmung zu schützen.

Dies sind nur drei Möglichkeiten und so richtig toll sind sie alle nicht. Wenn Sie wirklich lange Freude an ihrer Gartenschlange haben wollen, sollten Sie genau dies tun: Ab in den Garten damit! Legen Sie ein Moorbeet an, indem das Wasser vor der Sonne geschützt ist, und freuen Sie sich an ihrer Schlangenzucht! Oder Sie arbeiten mit einem Berg von technischen Geräten, die für viel Licht, aber keine Wärme im Wasser sorgen.

Es ist, wie es ist: Die Darlingtonia ist anspruchsvoll und wenn Sie eine nette Karnivore für den Balkon oder die Fensterbank suchen, sollten Sie zu einer Pflanze greifen, die leichter zu haben ist. Ach ja: Sie können natürlich das Ufer eines schönen Gartenteichs mit Kobralilien schmücken. Dann lösen sich die Probleme von selbst und das Wort „kompliziert" wird Ihnen, zumindest im Bezug auf diese Pflanze, niemals in den Sinn kommen.

Ebenso unkompliziert ist es dann im Winter: Kobralilien sind winterhart. Wenn die Temperatur sich dem Bereich um minus 10 Grad nähert, wäre allerdings ein kleiner Winterschutz angebracht. Sie wissen ja, wie das in Kalifornien so ist: Sommer, Sonne, Strand, die Beach Boys tönen aus dem Radio, exotische Früchte und noch mal Sonne, Sonne, Sonne. So richtig kalte Winter gehören dort nicht zum Leben und so ist auch unser Pflänzchen etwas zarter besaitet. Dafür kann Sie Ihnen möglicherweise ein paar tolle Storys über Filmstars erzählen.

Anspruchsvollere Varianten bereits bekannter Pflanzen

Sollten Sie auch Zwergkrug und Co gemeistert haben und feststellen, dass ein Teil von Ihnen immer noch nach mehr schreit, so gibt es eine Reihe von Varianten bereits bekannter Pflanzen, die auch für erfahrene Karnivorenzüchter eine Herausforderung darstellen. Trotzdem ist es mit einem gewissen Aufwand zu schaffen und warum auch nicht? Pflanzen sind keine toten Gegenstände, die man auf die Fensterbank stellt, sondern standortgebundene Lebewesen. Genau genommen ist eine Kannenpflanze also genauso ein Lebewesen wie der Goldfisch, den Sie vielleicht im Aquarium haben und gehen Sie dort nicht auch gewissenhaft vor, damit die Wassertemperatur stimmt, das Wasser stets sauber ist und vieles mehr?

Als ich mit einer Venusfliegenfalle begann, hatte ich noch keine Ahnung, dass ein paar Monate später 30 Fleischis bei mir wohnen würden und irgendwie hat es wohl auch bei den Profis so angefangen. Man kauft sich eine Pflanze, dann die Zweite und wenn man alle hat, will man noch ein paar schöne Varianten davon haben. Die Fliegen und Mücken in der Wohnung reagieren zuerst beleidigt, dann gar nicht mehr (weil sie allesamt verspeist worden sind) und an diesem Punkt entscheidet sich oft, wo der Weg hingeht. Macht man weiter oder bleibt man dort, wo man steht?

Sollten Sie vorhaben, sich auf die wirklich exotischen Arten zu stürzen, so kann ich Ihnen hierbei nicht behilflich

sein. Mein Abenteuer mit den Fleischis hat sich aktuell auf
30 einfache bis anspruchsvollere Exemplare eingepegelt.
Sie werden aber im Internet ohne große Probleme Leute
finden, die hier weiter gemacht haben und ihnen mit Tipps
und Tricks zur Seite stehen werden. Legen Sie los!

Fleischfressende Wasserpflanzen

Aldrovanda vesiculosa
Die Wasserfalle
Wenn Sonnentaue baden gehen

Die Wasserfalle nimmt eine gewisse Sonderstellung ein. Genau genommen ist sie keine eigenständige Pflanzenart, sondern eine Variante des Sonnentaus, die sich irgendwann entschlossen hat, wieder zurück ins Wasser zu gehen. Was auch immer sie dazu getrieben hat, es war keine gute Entscheidung, denn sie bewegt sich dort mit hoher Geschwindigkeit auf das Aussterben zu. Von den einstmals 150 bekannten Orten, an denen man einst Wasserfallen antreffen konnte, sind mittlerweile nur noch knapp vierzig von ihr besiedelt. In Deutschland gilt sie bereits als ausgestorben.

Aus ihrem Speiseplan stehen Wasserflöhe, Mückenlarven und anderes Getier. Mit anderen Worten: Dort wo Wasserfallen noch existieren, gibt es deutlich weniger Mücken. Es sollte uns zu denken geben, dass Pflanzen nicht einfach so aussterben und dann halt einfach nicht mehr da sind, sondern ihr Verschwinden in irgendeiner Form das Gleichgewicht in der Natur verändert. Ich erinnere hier nur an den massiven Maisanbau in Bayern, der die Bienen in echte Schwierigkeiten gebracht hat. Dass ein Verschwinden der Bienen für den Menschen sehr gefährlich ist, dürfte bekannt sein. Es ist nicht nur ein Frevel, sondern auch sehr dumm, bei jeder aussterbenden Art, egal ob Tier oder Pflanze, einfach lapidar davon zu sprechen, dass „dies halt der Lauf der Natur ist". Solche Sprüche sollten nur dann erlaubt sein, wenn man das Aussterben des Menschen irgendwann mit der selben Gleichgültigkeit hinnehmen kann. Und sorry, aber wenn es manchen Leuten egal ist, muss dies nicht für den Rest gelten. Oder deren Kinder und Enkelkinder.

Die Wasserfalle verwirrt Beobachter dadurch, dass sie manchmal an der Oberfläche schwimmt und dann wieder auf Tauchstation geht. Möglich ist dies durch Luftkammern, wie bei einem U-Boot. Ebenso außergewöhnlich ist, dass sie an einem Ende wächst, während sie am anderen schon wieder abstirbt. Dies stellt jedoch kein Problem dar, da sie sich für gewöhnlich schnell und pausenlos vermehrt.

Übrigens benutzt die Wasserfalle Zugvögel als Helfer. Diese tragen ihre Samen (unfreiwillig) mit sich herum, und wenn diese dann unter dem Flug nach unten fallen (und im Wasser landen), gibt es dort wieder neue Wasserfallen. Zumindest im Süßwasser. Wenn Sie die Welt auf der Suche nach noch lebenden Wasserfallen bereisen möchten, sollten Sie den bekannten Routen der Zugvögel folgen! Ansonsten finden Sie diese Pflanze hauptsächlich noch in Australien und Afrika, wo sie einigermaßen sicher lebt, während sie in Japan und dem restlichen Asien bereits ausgestorben ist. In Europa steht sie unter strengem Schutz. Die Zeit wird zeigen, was aus ihr wird ...

Haltung und Pflege

Drei Worte: Süßwasser, seicht, sauber. Dies sind die Grundvoraussetzungen. Das Wasser sollte warm und frei von Algen sein, da diese für Wasserfallen den Tod darstellen. Holen Sie sich also gleich ein paar algenfressende Pflanzen für Ihr Wasserfallen-Aquarium. Wasserflöhe sind ausdrücklich erwünscht, da sie die notwendige Nahrung darstellen. Für alles weitere bitte ich Sie, mit jemanden in Kontakt zu treten, der Erfahrung mit dieser Pflanze hat. Ich will hier keine Angaben machen, die dann nicht stimmen und ich habe leider keine eigenen Erfahrungen mit Wasserfallen. Gleiches gilt auch für den Wasserschlauch. Für den was?

Utricularia
Der Wasserschlauch
So schnell wie ein V8!

»Mein Gott, muss der Kerl Probleme haben, wenn er jetzt schon behauptet, unser Gartenschlauch würde leben und Karpfen jagen!« Tatsächlich rede ich nicht von künstlich hergestellten Produkten, sondern ... Moment mal: Gab es da nicht mal dieses Experiment?

Tatsächlich gab es das! Forscher hatten die Idee, den Wasserschlauch (die fleischfressende Wasserpflanze, nicht den im Garten) zur organisierten Bekämpfung von Stechmücken zu züchten. Sie gingen also in ihre Labore und schufen eine große Zahl dieser Pflanzen, die sie gezielt dort absetzten, wo die Mücken ihre Larven ablegten. Was soll ich sagen? Die Wasserschläuche mampften sich mit großem Vergnügen durch und fraßen bergeweise Mückenlarven. Das Problem war nur, dass sie genau die Larven jener Mücken fraßen, die zwar stechen, aber den Menschen für gewöhnlich links liegen lassen. Die Mückenlarven, auf die es den Forschern ankam, ignorierten sie hingegen komplett! Vermutlich schmeckten sie nicht so gut ...

Der Wasserschlauch besitzt keine Wurzel. Dafür ist er mit Fangblasen ausgestattet und die haben es in sich: Unser Freund erzeugt in diesen Blasen einen steten Unterdruck. An der Außenseite befinden sich kleine Borsten, die nur darauf warten, von einem neugierigen Tierchen berührt zu werden. Sobald dies geschieht, öffnet sich eine Klappe und Beute und Wasser werden durch den Druckausgleich ins Innere der Fangblase gespült. Nun schließt die Öffnung sich wieder und das Verdauen kann beginnen. Der ganze Vorgang spielt sich in einem Zeitraum von zwei Millisekunden ab. Keine andere uns bekannte Pflanze ist zu einer derart schnellen Bewegung fähig! Damit steht dem Wasserschlauch die Ehre zu, die schnellste Pflanze auf diesem Planeten zu sein. Sollten Sie ein Wasserfloh, eine Kaulquappe, ein Fadenwurm oder eine Schnecke sein, bitte ich um Verständnis für meine Begeisterung. Ich kann verstehen, dass SIE das nicht zum Jubeln finden aber ... Es muss trotzdem gesagt werden.

Während die Beute nun verdaut wird (sorry auch an die Mückenlarven!), pumpt die Pflanze das Wasser wieder nach draußen, um für die nächste Mahlzeit bereit zu sein. Im Normalfall ist sie nach einer Viertelstunde bereit für die nächste Mahlzeit. Bei sehr großen Beutetieren (nach ihren Maßstäben) stirbt die Falle nach der Verdauung ab. Auf diesem Weg sorgt die Natur dafür, dass unsere grüne Freundin sich nicht mit Fallen abplagen muss, in denen kein Platz für weiteres Essen mehr vorhanden ist.

Um sicherzustellen, dass der Nachschub nicht abreißt, sondert der Wasserschlauch Lockstoffe ab, die neugierige Kleinlebewesen anlocken, die dann an den Borsten schnuppern und ... Der Tisch ist gedeckt!

Herkunft und Arten

Es gibt sage und schreibe 220 Arten von Wasserschläuchen! Sie haben richtig gelesen: Ausgerechnet die Gattung, von der die meisten Menschen wohl noch nie etwas gehört haben, ist in puncto Artenvielfalt der Champion unter den fleischfressenden Pflanzen! Mit einer Größe von bis zu 130 cm sind sie jedenfalls nicht zu klein, um bemerkt zu werden.

Man findet Wasserschläuche fast überall auf dem Planeten, wobei die stärksten Populationen in Südamerika und (wieder mal) Australien zu finden sind. Ich habe es schon mal angesprochen, aber Australien scheint wirklich etwas zu haben, dass Karnivoren anzieht. Vielleicht sollte man sie neben dem Känguru zum Wahrzeichen dieses spannenden Kontinents machen.

Auch Deutschland hat Wasserschläuche. Wenn Sie an einem Gewässer vorbeikommen sollten, aus dem auffallend lange Stiele mit gelben Blüten herausragen, haben Sie vermutlich die bei uns heimische Art Utricualia minor entdeckt. Herzlichen Glückwunsch!

Haltung und Pflege

Wasserschläuche lassen sich grob in drei Gruppen einteilen, die unterschiedliche Pflege benötigen:

Aquatische Wasserschläuche
Terrestrische Wasserschläuche
Epiphytische Wasserschläuche

Dabei gibt es innerhalb dieser Gruppen auch wieder Unterschiede: Manche Wasserschläuche sind winterhart, andere sind es nicht. Manchen reicht ein Gartenteich, andere wollen ein Moorbeet haben und dann gibt es noch Varianten, die man am besten im Aquarium hält. Nicht zu vergessen, dass manche einen Blumentopf wollen, den man dann aber fluten sollte. Außer es handelt sich um eine Art, die es nur feucht haben will ...

Bitte betrachten Sie es nicht als Zeichen von Hilflosigkeit oder gar Faulheit, wenn ich Ihnen hier nur vage Stichpunkte nenne. Leider ist es unmöglich, in einem halbwegs vertretbaren Rahmen auf alle Arten und Varianten dieser Pflanze einzugehen. Auch möchte ich verhindern, dass Sie Ihr Exemplar durch falsche Pflege verlieren, weil „man es bei Wasserschläuchen so oder so macht". Ich will Sie aber auch nicht davor abschrecken, sich auf das Abenteuer Wasserschlauch einzulassen. Bitte kaufen Sie Ihren Wasserschlauch bei einem Händler oder Züchter, der Ihnen dann genau sagen kann, welche Pflanze zu dem passt, was Sie in ihrem Heim anzubieten haben und was genau DIESER Wasserschlauch dann an Pflege benötigt. Einen Wasserschlauch richtig zu pflegen, ist nicht schwer. Viele Wasserschläuche einzeln in puncto Pflege zu beschreiben, ist hingegen unmöglich, außer man widmet ihnen ein eigenes Buch. Sollten Sie Experte sein und ein solches Buch schreiben, dürfen Sie mich natürlich informieren. Ich empfehle es gerne weiter!

Die Nebendarsteller: Schusspflanze, Wanzenpflanze und fleischfressende Pilze

Wenn man es genau nimmt, gehören die drei Genannten nicht zu dem, was der Fachmann als Fleischfressende Pflanzen bezeichnet. Da man doch immer wieder über sie stolpert, hier eine kurze Beschreibung:

Die Schusspflanze

Man muss schon eine gehörige Portion Humor mitbringen, um über die Späße der Schusspflanze lachen zu können. Sie hat wunderschöne Blüten, hinter denen sie einen Schlagarm versteckt, der jedem Besucher eine gerade Rechte verpasst. Bienen und andere Bestäuberinsekten werden auf diesem Weg mehr als unsanft auf die Matte geschickt. Sobald sie wieder auf die Füße finden, sind sie über und über mit Pollen bedeckt, die sie dann zur nächsten Schusspflanze bringen dürfen. Gelegentlich hat sie ihre Bestäuber auch schon erschlagen. Immerhin ist es für uns Menschen lustig anzusehen, wie bei einer Berührung der Blüte der Arm nach vorne kommt und dabei einen Schwinger austeilt, der Rocky Balboa auf die Matte schicken würde.

Aber die Schusspflanze kann noch mehr: An ihrem Stengel hat sie Fangtentakel, die verdächtig an jene des Sonnentaus erinnern. Unvorsichtige Insekten werden von ihr gefangen und können dann nur noch Däumchen drehen, bis der Tod sie ereilt. Da die Schusspflanze keinerlei Anstalten macht, ihre Beute zu verdauen, kann dies schon mal eine Weile dauern. Tatsächlich scheint sie nicht so recht zu wissen, was sie mit den gefangenen Insekten anstellen soll. Man kann nur vermuten, dass wir hier einen Übergang erleben. Eine Pflanze, die gerade damit anfängt, die ersten Schritte in Richtung Karnivorie zu machen. Vielleicht werden unsere Nachkommen in eintausend Jahren eine voll entwickelte, fleischfressende Pflanze vorfinden. Und dann werden sie dieses Buch zur Hand nehmen und sagen, dass ich vor tausend Jahren schon wusste, dass dies so kommen wird. Mein Gott, bin ich stolz auf mich!

Die Wanzenpflanze

Die Wanzenpflanze ist da schon einen Schritt weiter: Auch sie ist nicht in der Lage, die gefangenen Insekten zu verdauen, aber sie betreibt eine Lebensgemeinschaft mit Wanzen und Spinnen. Diese fressen dann die gefangenen Tiere und sind so freundlich, ihren Kacka direkt vor Ort fallen zu lassen, sodass die Wanzenpflanze quasi ihre eigenen Düngerlieferanten mit an Bord hat. Haben unsere jetzigen Karnivoren früher auch mit Tieren kooperiert, bevor sie gelernt haben, die Beute selbst zu verwerten?

Fleischfressende Pilze

Was fleischfressende Pilze betrifft, so sind diese ebenso spannend wie auch langweilig. Spannend, weil sie ihre

Beute tatsächlich mit einer Art Lasso einfangen. Langweilig, weil die Beutetiere (und das Lasso) so klein sind, dass wir das Spektakel leider nicht bei Kaffee und Kuchen mitverfolgen können. Immerhin, es findet statt und ... Sie sind unter uns!

Solange sie nicht vorhaben, ihre nächste Inkarnation als Kleinstlebewesen zu gestalten, muss ihnen dies aber keine Sorgen machen. Falls doch: Vorsicht vor den Pilzcowboys mit ihren Lassos!

Fleischfressende Pflanzen als Schädlingsbekämpfer und Ruhestifter

Eine der schönen Seiten des Lebens als Karnivorenhalter ist, dass man bei gewissen Pflanzenschädlingen in der Wohnung sehr viel erreichen kann, indem man „kurz ein paar Fleischis holen geht". Da verspeiste Insekten ein natürlicher Dünger für Karnivoren sind, reagieren diese darauf mit beschleunigtem Wachstum. So haben alle etwas davon.

Als meine geliebte Aloe Vera an Trauermückenbefall litt, habe ich ihr einen Zwergsonnentau und eine Venusfalle in den Topf gestellt. Dazu eine Schlauchpflanze neben den Topf und irgendwie habe ich es dann noch geschafft, eine Kannenpflanze auf Tuchfühlung zu bringen. Leider konnte ich nicht prüfen, wie viele Trauermücken diese „Blockade" durchbrechen konnten, aber sehr viele fühlten sich von den duftenden Mädels mehr als angezogen: Alleine der Sonnentau holte sich in den nächsten Tagen eine Festmahlzeit nach der anderen am Aloe-Vera-Topf. Die Venusfliegenfalle füllte etliche ihrer kleinen Fallen mit den Mücken und legte einen respektablen Wachstumsschub hin.

Meine Frau und ich wohnen in einem bayerischen Dorf, indem auch mal gerne Berge von Kuhkacke auf die Felder geschüttet werden. Ganz zu schweigen von den diversen Misthaufen, die für stets „gute Landluft" sorgen. Und dann kommen die Fliegen ...

Seit wir die Fleischis haben, sind es maximal drei nervige Fliegen, die gleichzeitig durch die Wohnung segeln und das auch nur für kurze Zeit. Dann gehören sie den „Pflanzen des Grauens" und wir haben wieder unsere Ruhe. Es ist herrlich!

Dies waren nur ein paar wenige Beispiele, aber sie zeigen, was man so alles mit Karnivoren machen kann. Leider gibt es auch Schädlinge, die den Spieß umdrehen und Karnivoren attackieren. ...

Wenn Fleischis krank werden

Man mag es nicht glauben: Auch fleischfressende Pflanzen können von Schädlingen heimgesucht werden. Im Internet gibt es eigene Verzeichnisse, denen man entnehmen kann, welcher Schädling welche Pflanze bevorzugt. Ich persönlich habe die Erfahrung gemacht, dass es Schädlingen oft schnurzegal ist, welche Pflanze sie nach unserer Meinung befallen oder nicht. Gerade Blattläuse leben im Bezug auf Karnivoren nach dem Motto: Immer feste drauf!

Ich muss aber auch hinzufügen, dass (zumindest bei meinen Pflanzen) Probleme mit Schädlingen sehr selten sind. Sie traten dann auf, wenn ich Pflanzen heimbrachte, die bereits erkrankt waren. Ich erinnere mich an einem Besuch beim Händler, an dem ich verzückt mehrere Kobralilien ausmachte. Mein Kaufimpuls wurde jäh zerstört, als ich sah, dass sie von Schädlingen überzogen waren. Es wurlte förmlich im Topf. Und was macht der kluge Mann von Welt? Sofort den Laden verlassen? Schlau sein und dort keine Pflanzen kaufen? Leider Gottes war ich zumindest an diesem Tag weder besonders klug, noch von Welt. So kaufte ich mir statt der Kobralilie einen Sonnentau und zwei Fettkräuter.

Ich gebe zu, dass ich beim Kauf altruistische Motive hatte. Der Sonnentau war so von Fliegenleichen übersät, dass man von der Pflanze kaum mehr etwas sah und die beiden Fettkraut-Pflanzen standen bis zum Hals im Wasser.

Ich musste die Drei einfach kaufen und ihnen ein besseres Zuhause geben.

In unserer Wohnung angekommen, befreite ich das Fettkraut von den aufgeweichten Blättern und stellte den Sonnentau ins Wasser. Was soll ich sagen? Er trank keinen Tropfen! Gleich daneben stand mein Zwergsonnentau, der in ein Schnapsglas gepasst hätte und jeden Tag gefühlte zwei Liter Regenwasser wegputzte. Und auf einer der beiden Fettkraut-Pflanzen marschierte eine Blattlaus herum und pfiff dabei ein fröhliches Lied.

Im Anschluss fand ich auf der Unterseite der Blätter eine ganze Blattlaus-Armee! Und der Sonnentau hatte eklige, weiße Untermieter! Außerdem passte er kaum mehr in den Topf.

Beim Umpflanzen entdeckte ich dann auch den Grund: Es waren FÜNF Pflanzen in einem (kleinen!) Topf. Ich trennte sie vorsichtig voneinander, warf die komplette Erde weg (die voller Brei war, der wohl irgendwann mal einen Teil der Wurzeln gewesen war), entfernte die verfaulten Blätter (die von außen nicht zu sehen gewesen waren, weil alles so eng zusammengepfercht war und die fünf Sonnentaue einfach immer wieder neue Blätter getrieben hatten, die dann die verfaulten Blätter und Schädlinge verdeckten) und duschte die fünf Kerle mit Regenwasser ab. Schließlich pflanzte ich sie neu ein, wobei jeder Sonnentau seinen eigenen Topf erhielt.

Ähnlich machte ich es mit dem Fettkraut. Wobei es so viele Blätter abwarf, dass ich zwischendurch wirklich Angst bekam, am Schluss keine Pflanze mehr zu haben.

Als alles vorbei war, hatte ich zwei Fettkraut-Pflanzen, die schon deutlich besser aussahen als vorher, wenn auch deutlich kleiner. Und fünf Sonnentaue, die zerrupft und total gestresst in ihren Töpfen saßen. Natürlich ließ sich in den folgenden Tagen keine Sonne blicken, sodass ich sie mit Hilfe einer Lampe ihrem heißgeliebten Sonnenlicht aussetzte (wenn auch nur in künstlicher Form) und mich jedes Mal freute, wenn sie wieder ein Stück erholter aussahen. Das Fettkraut begann recht schnell, seine Blätter wieder mit Klebeflüssigkeit zu überziehen, um sich etwas zu essen zu verschaffen. Die Sonnentaue ließen sich etwas länger Zeit, aber schließlich bildeten sie auch ihre „falschen Tautropfen" und als die erste Mücke gefangen war, atmete ich auf. Geschafft!

Wissen Sie, mein Vater hat Fische gezüchtet und dabei wohl alle Krankheiten erlebt, die einem die schönen Fische dahinraffen können. Und immer, wenn alles wieder in Ordnung war, kam jemand und schenkte ihm ein paar Fische, wodurch alles wieder von vorne losging. Ich glaube, er bekam in seinem ganzen Leben keinen einzigen Fisch geschenkt, der wirklich gesund war. Manchmal habe ich seine Freunde verdächtigt, mit Absicht ihre kranken Fische bei ihm zu entsorgen. Bei Pflanzen ist es ähnlich: Wenn eine krank ist, geht es bald rund. Sollte eine ihrer Pflanzen mit Trauermückenbefall zu tun haben, werden bald mehrere unter dem Ungeziefer ächzen. Wenn sie an einer Pflanze Blattläuse entdecken, steht die wahre Invasion oft erst bevor.

Und ebenso wie beim Menschen, wo ein angeschlagenes Immunsystem dafür sorgt, dass man sich schnell alle möglichen Krankheiten holt, sind angeschlagene oder kranke Pflanzen bevorzugtes Ziel von Schädlingen. Ich habe noch nie Blattläuse an einer gesunden Pflanze gehabt. Aber wenn ich eine nach Hause brachte, die sich in einem schlechten Zustand befand, konnte ich oft gleich meine Frau bitten, für ein paar Gäste mehr zu decken: Blattläuse, Spinnmilben, weiße Fliegen, was auch immer.

Prüfen Sie Pflanzen noch vor dem Kauf! Und wenn Sie so wie ich gestrickt sind und immer wieder Pflanzen heimbringen, die im Sterben liegen und dann von ihnen wieder zum Leben erweckt werden, isolieren sie die Pflanze bitte vom Rest der grünen Familie, bis sie alle Schädlinge weggemacht haben!

Schauen Sie unter den Blättern! Glauben Sie nicht, dass Blattläuse dämlich sind. Sie wissen genau, was ihnen blüht, wenn sie einer fleischfressenden Pflanze zu nahe kommen! Also sammelt das Pack sich unter den Blättern, wo sie sicher sind.

In meiner Geschichte waren fünf Sonnentaue in einem Topf zusammengequetscht. Glauben Sie bitte nicht, dass dies selten ist. Es gibt genügend Anbieter, die gleich acht Pflanzen in einem Topf mit 9 cm Durchmesser setzen. Und wenn das Töpfchen nicht gleich verkauft wird und die Fleischis wachsen, drücken sie sich bald gegenseitig im Topf die Luft ab. Und da alles so dicht ist, kann man sich als Schädling wunderbar verstecken und die Pflanze von unten her auffressen. Seien Sie vorsichtig und halten Sie beim Kauf die Augen auf!!

Was die „bewaffnete Schädlingsbekämpfung" betrifft, so will ich Ihnen hier kein spezielles Mittel empfehlen. Ich habe mir mehrmals chemische Schädlingsbekämpfer gekauft und beim Durchlesen der Anleitung dann oft ganz schnell darauf verzichtet, meinen Fleischis so etwas anzutun. Aber das muss jede/r für sich selbst entscheiden. Als letzten Ausweg würde ich es vermutlich tun. Hier muss jeder seine eigenen Grenzen ziehen. Blattläuse wegsprühen kann ich verkraften. Aber wenn im Beipackzettel schon darauf hingewiesen wird, dass man bis zu 50.000 Euro Strafe zahlt, wenn man das „umweltfreundliche" Läusemittel in die Toilette oder den Ausguss gießt, weil es auf dem Weg die Natur erreicht, will ich meine Pflanzen nicht wirklich damit gießen.

Aus dem Topf holen, die alte Erde KOMPLETT wegwerfen, die Pflanze vorsichtig säubern und dann in frische Erde pflanzen ist somit oft der schonendste Weg.

Es gibt Leute, die Pflanzenerde vor dem Verwenden 45 Minuten lang im Backrohr bei 180 Grad sterilisieren. Ich muss zugeben, dass es keine schlechte Idee ist. Bei mir kommt der Mikrowellenherd zum Einsatz. Egal, was Sie verwenden: Geben Sie der Erde danach Zeit zum Abkühlen! Wühlen Sie auch ein bisschen darin herum, um sicher zu gehen, dass auch wirklich nichts mehr heiß ist. Sie wollen Ihrer Pflanze nicht die Wurzeln verbrennen.

Ansonsten halten fleischfressende Pflanzen fast alles aus, was „normale" Pflanzen auch aushalten. Aber: Bitte beachten Sie, dass manche Mittel zur Schädlingsbekämpfung Dünger enthalten. Dann sind Sie zwar die Schädlinge los, aber Ihre Pflanze stirbt wegen des Düngers. Beim Waschen, Läuse ertränken oder Abduschen gilt: Verwenden Sie Regenwasser, Bachwasser, destilliertes Wasser aber kein Leitungswasser!

Zusammengefasst:

1. Prüfen Sie Pflanzen vor dem Kauf auf Schädlinge. Schauen Sie unter die Blätter, respektive auf deren Unterseite.
2. Gesunde Pflanzen sind die beste Abwehr gegen Schädlinge. Achten Sie auf gute Pflege und ihre Pflanzen leben deutlich sicherer.
3. Ignorieren Sie es nicht, wenn Ihre Fleischis plötzlich „schwächeln". Prüfen Sie regelmäßig die Unterseite der Blätter und handeln Sie, wenn sich dort ungebetener Besuch befindet. Stoßen Sie dabei auf Blattläuse, können Sie diese mit einer Pinzette wegzupfen.
4. Verwenden Sie KEINE Ungeziefermittel, die Dünger enthalten!

Ich wünsche Ihnen stets gesunde Pflanzen!

Du brauchst mal frische Luft - Alternative Wohnmöglichkeiten für Fleischfressende Pflanzen

Bisher sind wir immer von einer Haltung im Topf ausgegangen. Für Leute wie mich, die in einer Wohnung im ersten Stock wohnen, ist dies oft die einzige Möglichkeit, Pflanzen zu halten. Wenn Sie jedoch über einen Garten verfügen, so können Sie hier ein künstliches Moor anlegen und Ihren Karnivoren damit eine nahezu perfekte Imitation ihres natürlichen Lebensraumes bieten. Ich habe auch schon von Leuten gehört, die auf dem Balkon ein Minimoor angelegt haben. Andere haben Glasbehälter verwendet, um ein „Mikromoor" anzulegen. Prinzipiell sind wir dann nicht mehr weit vom Blumentopf entfernt. Ich persönlich hatte mit Blumentöpfen stets mehr Glück als mit Glasschüsseln, aber vielleicht geht es Ihnen ja besser als mir.

Fragen Sie Ihren Gärtner, wenn Sie vorhaben, ein Moorbeet anzulegen. Er kann Ihnen dazu sehr wertvolle Ratschläge geben.

Von meiner Seite aus kommt die Empfehlung, Sonnentauen im Moorbeet etwas Platz zu lassen. Sie mögen es nicht so dicht gedrängt. Venusfliegenfallen sollten so platziert werden, dass sie ungehindert von der Sonne bestrahlt werden können. Also keine Schlauchpflanzen zwischen Venusfallen und die Sonne setzen. Ich habe einmal ein Foto von einem Hobbyzüchter gesehen, der sein Moorbeet in einen Gartenteich gebaut hat. Es sah toll aus und er hatte für jede Karnivorenart ein kleines Feld errichtet, auf dem nur diese eine Art angebaut war. Dafür aber in großer Zahl. Es sah toll aus! Wenn Sie gerne planen und gestalten, eröffnen sich hier zahlreiche Möglichkeiten, sich auszutoben. Genießen Sie es!

Let´s make friends!
Fleischis und andere Pflanzen

Wenn man sich all das ansieht, was ich bisher geschrieben habe, könnte der Eindruck entstehen, dass Karnivoren ein einsames Leben führen. Zugegeben, es gibt Arten, die sich untereinander gut verstehen. Man sieht sie auch in der freien Natur immer wieder mal zusammen, wo sie sich gegenseitig die Fliegen zulotsen. So weit, so gut. Doch wie ist es mit anderen Pflanzen?

Der Punkt ist, dass Fleischis sich genau dort wohlfühlen, wo andere nicht sein wollen. Die Erde, die sie brauchen, ist beim Rest der Pflanzenwelt doch etwas verpönt …

Bei allen Pflanzen? Nein! In Gallien gibt es ein kleines Dorf, dass den Nährstoff-Römern fleißig Widerstand entgegensetzt und sich ein Umfeld erschafft, in dem es seine Ruhe vor eben diesen Römern hat. Ladies and gentlemen: Bitte spenden Sie Applaus für das Torfmoos!

Genau genommen ist Torfmoos ein Überbegriff für eine Reihe von Moosarten. Diese legen sich ungeniert überall dorthin, wo andere Pflanzen nicht sein wollen. »Pfui, meine Dame! Wie können Sie nur so schamlos sein?«, sagt die edle Rose und das Torfmoos reagiert auf seine Weise und pupst den Boden mit Stoffen voll, die dafür sorgen, dass er ganz schnell sauer wird und die Rose zum Schweigen bringt. Am Schluss ist das Torfmoos ganz alleine und genießt die schöne Aussicht auf die Umgebung. Und während es sich vermehrt, stirbt ein Teil von ihm wieder ab und verwandelt sich in Torf.

Und dann weht der Wind Samenkörner durch die Gegend und diejenigen, die im Torf landen, schimpfen wütend, weil sie doch auf einer schönen Blumenwiese sein wollten und nicht in diesem sauren Boden. Und so bleiben sie beleidigt im Boden und sagen irgendwann gar nichts mehr. Gut für das Torfmoos.

Doch eines Tages passierte etwas Seltsames: Da reckte doch tatsächlich so ein kleines Ding seinen Kopf aus dem Boden.

»Hau ab!«, schrie das Torfmoos. »Hier wohne ich.«

Doch die kleine, seltsam aussehende Pflanze blickte das Torfmoos nur verwundert an. »Hast Du eine Fliege?“

Vielleicht bedeutet »Hast Du eine Fliege?“ in der Sprache der Torfmoose so viel wie »Hast Du einen Vogel?« Wir wissen es nicht, wie wir auch nicht wissen können, was das Torfmoos dem kleinen Sonnentau antwortete. Fest steht, sie wurden irgendwann Freunde und teilten sich das Moor. Und wenn sie nicht gestorben sind, dann leben sie noch heute.

Auch wenn das Torfmoos durch die Zerstörung der Moore mittlerweile auch vom Aussterben bedroht ist, hat es doch enge Freundschaft mit den Fleischis geschlossen und so kommt es auch immer wieder vor, dass fleischfressende Pflanzen zusammen mit Torfmoos verkauft werden. Es sieht gut aus und warum sollte man gute Freunde trennen?

Für Sie bedeutet dies, dass Sie nun eine Pflanzenart kennen, die sich ganz hervorragend mit Karnivoren versteht. Sie können sich also jederzeit Torfmoos (in der

Sprache der Botaniker: Sphagnum) holen und ihren Fleischis so ein paar nette Freunde in den Topf setzen. Bei Kannenpflanzen bin ich mir nicht sicher, weil diese nicht die typischen Moorbewohner sind. Bei Sonnentau und Schlauchpflanzen funktioniert es jedoch hervorragend. Meine Schlauchpflanze wächst wie verrückt und das Torfmoos hat dafür gesorgt, dass die Schläuche auf einer netten, grünen „Wiese" wachsen können. Torfmoos ist also ein heißer Tipp!

Ich steh ja so auf Dich! Fleischis vermehren

Damit wären wir schon fast am Ende des Buches angekommen. Ich dachte mir, dies wäre eine gute Gelegenheit, um auf die Sache mit den Bienen und den Blüten einzugehen:

Es gibt verschiedene Methoden, um Karnivoren bei der Fortpflanzung behilflich zu sein. Wenn wir den Zwergsonnentau betrachten, so werden wir feststellen, dass er seine ganz eigene Art der Fortpflanzung hat: Er bildet sogenannte Brutschuppen. Diese kleinen Kügelchen landen auf/in der Erde und werden zu neuen Pflanzen. So ist sichergestellt, dass seine Art überlebt. Sollten Sie also glückliche/r Besitzer/in einer solchen Pflanze sein, müssen Sie im Prinzip nicht mehr tun, als dabei zuzusehen und sicherstellen, dass er genügend Platz hat, um die Brutschuppen auszustreuen. Alles andere erledigt dann Mutter Natur.

Anders sieht es mit der Vermehrung über Samen aus: Innerhalb einer Wohnung dürfte es schwierig werden, die notwendigen Bestäuberinsekten zur Pflanze zu bringen. Wenn Sie Ihre Fleischis auf dem Balkon in Töpfen halten, kann es passieren, dass die Samenkörnchen irgendwo landen, wo keine Erde ist und das war es dann. Dennoch ist die Vermehrung über Samen der natürlichste Weg, neben den Brutschuppen, die ja genau genommen auch nur Samen darstellen. Ich möchte hinzufügen, dass viele

Sonnentau-Arten selbstbestäubend sind. Sprich: Sie benötigen keine Bienen. Entsprechend einfach gestaltet sich alles: Samen aussäen(lassen) und fertig.

Ebenfalls gut funktionieren soll es, im Frühjahr kleine Wurzelstückchen vom Sonnentau auf Karnivorenerde zu legen und mit etwas feuchter Erde zu bedecken. Ich muss gestehen, dass mir persönlich solche Vermehrungsmethoden nicht wirklich liegen. Ich tue mich schwer damit, an meinen Pflanzen herum zu säbeln. Ich erwähne es dennoch, weil es Leute gibt, die auf diesem Weg ihre Pflanzen vermehren und scheinbar sehr gute Resultate dabei erzielen.

Schlauchpflanzen sollten im Frühjahr umgetopft werden. Dabei sollte man nach Teilstücken der Pflanze Ausschau halten, die bereits eigene Wurzeln gebildet haben. Diese pflanzt man dann in separate Töpfe und schon hat man sie vermehrt. In meinem Fall hat es allerdings nicht geklappt: Aus einer kleinen Schlauchpflanze wurde im Lauf eines Sommers ein Gigant und ich konnte nicht wirklich „separate“ Pflanzenteile entdecken. Das heißt aber nicht, dass es Ihnen genauso ergehen muss.

Ganz anders verhält es sich mit dem Fettkraut, wobei es auch nicht wirklich kompliziert ist: Sie warten einfach, bis es Frühjahr wird und entfernen dann die Winterblätter (sie sind leicht zu erkennen, weil sie mehr „Fleisch auf den Rippen haben“). Möglicherweise kommen diese Ihnen schon entgegen, wenn Sie die Pflanze aus der Erde holen. Diese legen Sie dann einfach auf feuchten Sand (ohne Abdeckung) und warten ab, bis aus den Blättern kleine Pflanzen wachsen. Ich muss gestehen, dass ich diese Information aus zweiter Hand habe und sie bezog sich auf mexikanische Fettkraut-Arten. Ob es mit der einheimischen Variante auch funktioniert, kann ich aktuell mangels eigener Erfahrungen noch nicht sagen. Hier wäre auf jeden Fall statt dem Sand Karnivorenerde zu verwenden. Ansonsten wie gehabt. Sie müssen sich dabei keine Sorgen machen, weil die Pflanze sich ohnehin von ihren Winterblättern trennen wird. An der Stelle eine kleine Anekdote:

Ich habe diese Art der Vermehrung mit Aloe Vera versucht. Mir wurde gesagt, dass es ganz einfach wäre. Was soll ich sagen? Es klappte nicht! Ich habe es mit anderen Pflanzen versucht, von denen es auch hieß, es würde ganz einfach sein und wieder konnte ich keine Erfolge erzielen. Dann steckte ich ein paar Blätter einer Sukkulente in ein Töpfchen mit Sand und ... Sie können es sich denken: Nichts geschah. Ich vergaß das Töpfchen. Es stand auf dem Balkon, gut versteckt unter den Zweigen einer anderen Pflanze und Monate später, als wir anfingen, Pflanzen vom Balkon in die Wohnung zu schaffen (der Winter stand bevor), rief mich meine Frau. In ihrer Hand hielt sie das kleine Töpfchen und dort war ein winzig kleines Pflänzchen zu sehen, das sich aus den Überresten der abgestorbenen Pflanze entwickelt hatte. Es hatte Monate gedauert und letztendlich war es dann passiert, als ich damit aufgehört hatte, mich um alles zu kümmern und irgendetwas zu unternehmen, um der Pflanze zu helfen. Manchmal muss man die Natur einfach in Ruhe lassen. In der Wildnis sind auch keine Menschen, die jeden Tag vorbeischauen und „Geburtshilfe" leisten.

Trotz allem bin ich nicht der große Vermehrer von fleischfressenden Pflanzen. Ich kaufe sie und dann kaufe ich weitere Exemplare. Und oft genug kaufe ich eine Venusfliegenfalle oder einen Sonnentau und beim Umpflanzen habe ich dann bis zu neun Pflanzen, die in einen Topf zusammengepfercht waren. Das ist auch eine Art von Vermehrung: Aus eins mach neun ... Da ich immer wieder mal Pflanzen kaufe (oder geschenkt bekomme), ist meine Sammlung alleine auf diesem Weg sehr schnell gewachsen. Dennoch ist die Vermehrung von Pflanzen eine gute und sinnvolle Sache (solange Sie ausreichend Platz haben) und es spricht nichts dagegen, es einfach mal zu versuchen. Aus Liebe zur Pflanze würde ich Sie bitten, erst mal mit Samen zu arbeiten, bevor Sie zu Messer oder Schere greifen. Aber wie schon gesagt: Das ist Ihre Entscheidung.

Was ich Ihnen sagen kann ist, dass es einfach toll ist, wenn man plötzlich ganz ungeplant ein „Mini-Sonnentäuchen" im Topf entdeckt. Da fiel wohl ein Samenkorn auf die richtige Stelle. Dann hat man den kleinen Kerl da und staunt, wie ein so kleines Ding schon Fangarme und Tentakel haben kann. Und freut sich, wenn eines Tages die erste, kleine Mücke darin hängt.

»Er hat angefangen, zu sprechen!«

»Was hat er gesagt?«

»Mückensteak ...«

Fleischfressende Pflanzen und Haustiere

Die Frage, ob und inwieweit eine Karnivore den geliebten Haustieren gefährlich werden kann, wird immer wieder gestellt und tatsächlich gibt es Tierarten, die manche von uns gerne als Haustiere halten, die aber bei der einen oder anderen fleischfressenden Pflanze auf dem Speiseplan stehen.

Unbedenklich sind:

Venusfliegenfalle, Fettkraut, Sonnentau, Kobralilie und Zwergkrug. Ebenso die fleischfressenden Wasserpflanzen. Es sei denn, Sie halten sie zusammen mit sehr kleinen Wasserbewohnern in einem Aquarium, die nicht als Futter enden sollen.

Gefährlich für Ihre tierischen Lieblinge können hingegen Kannenpflanzen und teilweise auch Schlauchpflanzen werden. Speziell Kannenpflanzen erreichen bei guter Haltung eine Größe, bei der sie zur tödlichen Falle für Mäuse, Hamster und Ratten werden können. Wenn Sie also eine Vorliebe für diese oder ähnliche Tiere haben, sollten Sie auf diese Pflanzen lieber verzichten. Zumindest, wenn Sie Ihre vierbeinigen Lieblinge frei herumlaufen lassen.

Es gab ein Ehepaar, bei dem der Haussegen ordentlich schief hing, weil der Gatte mehrere, große Kannenpflanzen nach Hause holte, woraufhin die Mäuseplage im Haus deutlich zurückging, die Ehefrau sich allerdings über den Gestank der halbverdauten Mäuse beschwerte, die in den Kannen zu finden waren. Der Mann wollte sich nicht von den Pflanzen trennen und diese sahen keinen Grund, auf ihr Mäusesteak zu verzichten. Wie es ausging, weiß ich nicht. Vielleicht sind ja die Mäuse ausgezogen ...

Wenn Sie diese Pflanzen im Haus haben und Ihr Haustier zu groß ist, um in Gefahr zu kommen, aber Nachwuchs bekommt, der anfangs nicht größer ist als eine Maus, könnte es zu einem Drama kommen, wenn sich Tier und Pflanze begegnen. Am besten sorgen Sie dafür, dass sich beide nie zu nahe kommen.

Zum Schluss

Ich muss Ihnen etwas gestehen: Ich hasse es, Bücher zu beenden! Man hat so viel Freude beim Schreiben und dann ist man plötzlich am Ende angekommen. Ich denke, ich werde das Manuskript noch ungefähr 50 mal durchlesen, bevor ich es wirklich aus der Hand gebe. Ich will einfach noch nicht aufhören. Ach Manno!

Im Prinzip könnte ich jetzt noch 30 Seiten Schlusswort plus 50 Seiten Nachwort schreiben. Das wäre ... Eine Scheißidee, Sie haben vollkommen recht.

Also: Ich möchte mich bei Ihnen dafür bedanken, dass Sie mir nun so lange Gesellschaft geleistet haben. Es war mein Ziel, Ihnen nicht nur etwas von der Faszination der „Jäger im Blumentopf" näher zu bringen, sondern Sie auch mit nützlichen Informationen zu versorgen. In meinem Umfeld führen Gespräche über Fleischis fast immer zum gleichen Ergebnis: Jemand sagt, dass er/sie auch schon welche hatte, die aber sehr schnell eingegangen sind. Mit dem Wissen in diesem Buch sollte Ihren Pflanzen ein solches Schicksal erspart bleiben. Tasten Sie sich langsam heran. Holen Sie sich eine Venusfliegenfalle, ein Fettkraut oder einen Sonnentau für den Anfang und Sie werden staunen, wie leicht es sein kann, diese ganz prächtig gedeihen zu lassen. Prüfen Sie bitte beim Kauf (oder danach), ob es auch wirklich nur eine Pflanze im Topf ist. Da es leider Trend geworden ist, gleich mehrere Exemplare in einen Topf zu zwängen (ein Bündel Tentakel wirkt halt beeindruckender als ein paar Fangärmchen), kann dies nicht ganz einfach sein. Dann holen Sie sich die Bande heim und pflanzen Sie sie auseinander. Karnivorenerde ist leicht zu erstehen und kostet nicht die Welt. Aber Vorsicht: Ich habe mir gerade in der Anfangszeit öfters mal eine Pflanze gekauft, die sich bei näherer Betrachtung als komplette Fußballmannschaft entpuppte. Es war wirklich leicht, auf dreißig Fleischis zu kommen, wissen Sie ...

Dieses Buch stellt mein gesammeltes Wissen über fleischfressende Pflanzen dar. Da man ja bekanntlicherweise niemals auslernt, kann es sein, dass es irgendwann noch wächst. Oder ein weiteres Buch kommen wird. So wie ich in puncto Wissen weiterhin zulegen werde, wird es aber auch Ihnen gehen. Vielleicht wissen Sie ja in einem Jahr schon mehr über Karnivoren, als in diesem ganzen Buch steht. Das wäre toll!

Wir Menschen haben viel dazu beigetragen, diese höchst bemerkenswerten Wesen auf unserem Planeten zu dezimieren. Umgekehrt haben viele Gattungen, die in freier Natur kaum mehr eine Chance haben, nun in unseren Wohnungen, Häusern und Gärten eine neue Heimat gefunden. Erinnern Sie sich noch an das, was ich ziemlich am Anfang dieses Buches geschrieben habe? Dass Mutter Natur mit einem bemerkenswerten Einfallsreichtum gesegnet ist, um ihre Pläne zu verwirklichen? Es ist irgendwie ein schöner Gedanke, dass die Fleischis jetzt eben verstärkt bei den Menschen wohnen. Wenn man bedenkt, dass man vor wenigen Jahrhunderten noch auf den Scheiterhaufen verbrannt worden wäre, hätte man von diesen „teuflischen Pflanzen" gesprochen, ist dies eine bemerkenswerte Entwicklung. Und so wächst und gedeiht alles, wobei sich das Leben immer wieder als wahrer Anpassungskünstler erweist.

Ich wünsche Ihnen und ihren Lieben, womit ich alle menschlichen, tierischen und pflanzlichen Mitbewohner meine, alles erdenklich Gute für Ihr Leben. Ich wünsche Ihnen, dass Sie immer glücklich sein werden. Ich wünsche Ihnen, dass Sie stets das Geschenk des Lebens genießen können und gemeinsam mit Ihren sprechenden, bellenden, wiehernden und Fliegen verspeisenden Freunden ein wundervolles Leben haben werden!

Von ganzem Herzen:
Fred Guggenberger

PS:
Dieses Buch ist nicht vollständig. Dies war leider nicht zu vermeiden. Alleine der Sonnentau hätte mit rund 200 Arten genügend Stoff für eine ganze Bücherserie geliefert. Ebenso werden von bekannten Arten teilweise immer noch (oder immer wieder) neue Varianten entdeckt. Beim Fettkraut sieht es so aus, als hätten etliche Arten sich bisher versteckt, nur um jetzt gesammelt aufzutauchen. Die Schlauchpflanze foppt immer wieder Botaniker, die glauben, eine neue Art entdeckt zu haben, bis sich dann zeigt, dass da wieder ein paar Schlauchis kreuz und quer „ihre Pollen getauscht haben".

Nicht verschweigen möchte ich, dass es ein paar Pflanzen gibt, die ich ausgelassen habe. Dazu gehören der Sumpfkrug, die Regenbogenpflanze, das Taublatt und die Reusenfalle. Diese zählen zu den Exoten im Land der Fleischis. Dann gibt es bestimmt noch einige sogenannte „präkarnivore Arten", die irgendwann auf dem Weg zur fleischfressenden Pflanze eine Pause eingelegt haben und jetzt zwischen den Welten stehen. Vielleicht entdeckt ja genau in diesem Moment jemand eine ganz neue Art: Fleischfressende Geranien oder eine Rosenzüchtung, die ihre Stacheln auf alles abfeuert, was ihr zu nahe kommt. Zu abgefahren? Ich habe „Dog puppys" auf dem Balkon. Die Blätter dieser Pflanze sind nicht nur ausgesprochen haarig, sondern fühlen sich auch an wie Hundeohren, wenn man über sie streicht. Vom erstaunlichen Rest meiner grünen Mitbewohner ganz zu schweigen. Und hätten Sie früher geglaubt, dass es Pilze gibt, die Kleintiere mit einem Lasso fangen? Das Leben ist bunt, nicht wahr? Ich wünsche Ihnen grenzenlose Freude mit Ihren Pflanzen!

Fred Guggenberger

Hilfreiche Adressen

www.fleischfressende.de

Hier finden Sie zahlreiche Bilder, Videos und Ratschläge, sowie ein Diskussionsforum, auf dem man auch Anfängern gerne weiterhilft. Man merkt deutlich, dass hier echte Liebhaber am Werk sind. Dicke Empfehlung!

www.fleischfressendepflanzen.de

Die deutschsprachige Karnivoren-Datenbank im Internet bietet eine Menge interessantes und nützliches Wissen rund um die kleinen Jäger. Auch hier ist deutlich zu sehen, dass ein Überzeugungstäter am Werk ist, der sein Wissen bereitwillig teilt. Schauen Sie dort vorbei, es lohnt sich!

www.carnivoren.org

Die offizielle Seite der „Gesellschaft für Fleischfressende Pflanzen e.V." Das Angebot der G.F.P. ist bei weitem zu umfangreich, um es im Rahmen dieses Nachtrages halbwegs zu umschreiben, weshalb ich auch hier den persönlichen Besuch auf der Seite empfehle.

Jetzt dürfen Sie ein letztes Mal umblättern, dann ist das Buch wirklich zu Ende.

Weitere Werke von Fred Guggenberger:

Falls Sie der Meinung sind, dass der höchst sympathische Verfasser dieses Buches bestimmt noch mehr zu bieten hat, so haben Sie vollkommen recht. Anbei eine Übersicht meiner gesammelten Werke. Es würde mich freuen, Sie auf der einen oder anderen Seite wieder zu sehen.

Willi Winzmint und die Verbotene Stadt

Ein junger Knorz, der von allen nur belächelt wird, begibt sich auf das Abenteuer seines Lebens. Für Leser von 10 bis 100 Jahren geeignet.

Willi Winzmint und der Adlerfürst

Der zweite Band über Willis Reise nach Kafria. Band 3 ist in Arbeit und sollte zwischen Weihnachten 2015 und Sommer 2016 erscheinen.

Sarah - Die Schlüssel zum Leben

Ein zauberhaftes Büchlein voller Magie.

Gitarre lernen mit Arthur und Larry

Die sympathische Gitarrenschule
für Jedermann und Frau.

Da gschingade Koda -
Total verrückte Märchen auf bayerisch

Rotzfrech, witzig und komplett in Mundart geschrieben.
Unter dem Pseudonym Sepp Vädahoi veröffentlicht.

Paradise regained

Kein Buch, aber mein aktuelles Album voller toller Songs.
Blues, Classic-Rock, Americana und mehr. Erhältlich bei
Amazon, iTunes, Bandcamp und dem Google-Play-Store.

Meine virtuelle Wohnung im Internet:

www.fred-guggenberger.com

Außerdem finden Sie mich auf Facebook, Youtube,
Reverbnation, Twitter, Vorlesungen und Konzerten. Bis die
Tage!

Ihr Fred Guggenberger

www.ingramcontent.com/pod-product-compliance
Lightning Source LLC
LaVergne TN
LVHW050651200726
843506LV00010B/1470